男人心裡苦 男人不想說

海原純子——著
劉格安——譯

Contents

目錄

Chapter 2

職場環境——苦於適應新時代與他人評價

Chapter 3

職場人際——主管與部屬間的棘手關係

Chapter 4

自我認同——必須「有所成就」的社會期待

Chapter 5

兩性關係——結婚是幸福的開始或是人生的墳墓？

推薦序

覺得去諮商太軟弱的男子漢，請至少看看這本書

華人心理治療發展基金會　臨床心理師　方格正

我很少推薦別人藉由閱讀「心理勵志」叢書達到自我療癒的功效，因為道理說來簡單，但偏偏人就是想不開。很多人誤會心理諮商是藉由說道理來開導個案，但其實不然；真正能帶來療癒的，往往不是道理，而是親密的諮商關係——唯有當人深深感覺被傾聽與接納，人也才能夠接納不完美的自己。

然而這次我想破例，推薦本書給辛苦的男性同胞們，原因很簡單，因為願意來接受諮商的男性實在是太少了！在我自己的工作經驗中，十位來談的人中，可能只有兩位是男性，而傳統的異性戀中年男子更是鳳毛麟角！難道說男性真的堅強到不需要心理諮商的協助嗎？我並不這麼想，**我認為是因為對多數男性而言，向陌生人求助、袒露自己的脆弱與需要是一件「羞恥」的事情，沒有辦法靠自己解決問題則是「軟弱」的象徵。**

是的，我們男生就是在這些引號所建構的社會框架下長大的。

談到社會，作者海原純子不愧是在一線工作三十年的開業醫師，她細膩地觀察到社會變遷對不同世代的日本男性所造成的衝擊，其實台灣何嘗不是如此？與上一代相比，年輕男性要成家立業顯得好困難，低薪高工時已是普遍的現象，而更讓人挫折的，是頂天的高房價，似乎再怎麼努力都無法獨自撐起一個家，連帶也衝擊著身為男人的自我價值。

男人們的辛苦，海原純子博士看到了。閱讀本書時，彷彿聽到她溫柔地說：「不是你不好，你已經夠努力了，要不要先休息一下呢？」她看到許多男性之所以產生心理問題，並不是因為軟弱，而是「過度堅強」，為了扛起社會賦予男性的形象與責任，「打斷牙含血吞」，長期缺乏情緒表達與支持，進而導致高血壓、成癮、憂鬱等身心症狀。

書中不斷傳達「問題並不大，只要稍微調整一下就沒問題了」這種被接納的氛圍，並提供具體可行的小技巧，讓實事求是、強調問題解決的男性得以按部就班地練習，進而達到了解自己、照顧自己，並與他人產生連結之療效。

作者耐心地教導直腸子的男人們，要試著去照顧下屬、太太，乃至於自己的自尊，因為**不論性別、年齡或角色，我們都需要被看見與肯定，這是人不變的基本需求**。例如不把太太的付出當成理所當然、試著讓下屬覺得被肯定等，有時只要說聲「妳辛苦了」，就能讓關係大不同。

本書也中不斷強調，人是社會化動物的概念。當能與周遭的人產生連結時，很多問題便迎刃而解。如果男性學會以柔軟的態度對待他人，也就逐漸能軟化、鬆動長久以來所背負的沉重框架，學會放過自己一馬。

本書中我最喜歡的，是尾聲對於自我實現的提醒。身為長期傾聽他人煩惱的心理治療師，我深深感覺到無論男性或女性，我們都自動化的服膺社會的價值觀，去做「應該」做的事，追求地位與財富等人人稱羨的外在目標，來證明自己的價值，卻又時常為了做不到而苦惱；人因此與自我疏離，忘了問自己真正「想要」的是什麼，這輩子就這樣後悔莫及地過了。

我由衷希望讀完本書後，除了學到如何改善身心狀態與人際關係外，讀者也能試著與藏在內心深處，那個對生命充滿熱情的自己靠近、形塑出屬於自己獨一無二的生活方式與目標，並以這樣的自我為榮。

對了，若看完這本書後你還是有些難受，不妨學習書中的男性案例，鼓起勇氣嘗試心理諮商看看吧，我也會以你的勇氣為榮！

前言 身體的反應最誠實，不行了就要停下來

近來我收到很多以壓力為主題的演講邀約，在某一場演講中，一名聽眾提問：

「我在生病以前一直非常努力工作，不但獲得很好的評價，也深獲同事信任，可是自從我一年前因為憂鬱症停職以後，就完全失去了工作能力。我想變得跟以前一樣在職場上努力打拚，請問該怎麼做才好？」

提問者是一名看起來介於四十五到五十多歲的男性，我記得當時他全身散發出一種很認真的感覺。我仔細想了想之後，這樣回答他：

「我認為心理或身體發出哀嚎，就是一種叫你停下來、別再繼續走那條路的警訊。我想這應該是在提醒你，要是一直在同一個地方努力工作、重蹈覆轍的話是很危險的，所以才要替你踩下煞車。現在停下腳步是有意義的，你可以把這當成是一段為了將來過得更開心而停下腳步的準備時期，不再延續以往的作法，而是蛻變成全新的自己，找到一套與工作、家人或周遭朋友相處的全新模式。為了日後能夠以全新的面貌重新出發，現階段請好好休息，讓自己恢復能量。」

我之所以會針對男性的壓力撰寫此書是有理由的，其中之一就是因為我在第一線深刻感受到男性的「極限」。我感覺到男性的哀鳴，因為以往的終身僱用與年功序列制度（編註：基本薪資隨年資愈久而愈高）突然消失，職場上刮起人員削減的風暴，物流的型態大幅改變，業務或行銷宣傳的模式也隨之變化，有些男性無法適應這個充滿壓力主因的時代，有些則因為無法活用至今累積的專業能力而喪失自尊心，還有些則是太過努力去適應新制度、而迷失自己本身存在的價值或自我認同。

以前我專治女性的壓力性疾病。一九八五年，日本實施《男女僱用均等法》後，女性的生存模式一時增加許多選擇，很多女性為了從以往「男主外，女主內」的生存模式跨出新的一步而感覺到壓力。女性開始摸索新的生存模式，有些女性太過努力兼顧家庭與工作，有些家庭主婦則在孩子獨立後，身心出現狀況。與此同時，男性又如何呢？

透過女性，我在男性身上看見他們試圖捍衛自己的地盤，也就是在工作上保有自己的一席之地，並且傾注全力想晉升到更好的位置，晉升的壓力非常大。不過以前即使沒有晉升到最高的位置，也不會被強制從自己的位置上剔除。大學畢業後，如果能夠進入業績好的公司，幾乎就等於一輩子安泰無虞，除非生病或受傷，否則根本不會失去歸屬。所以男性才會努力從一流大學畢業，努力擠進一流企業，就算在職場上多少有一些不開心的地方，還是願意靠酒精、香菸或與同事抱怨幾句來排解生活的壓力。就算裁員的消息頻傳，但狀況也沒有到一發不可收拾的地步。

然而今非昔比，現在的狀況已經不是靠排解壓力的管道就能輕鬆克服了，如今必須從各種根本的角度去思考克服壓力的對策。不過這並沒有想像中那麼困難，因為每一個人都擁有復原力。

以往男性為了避免感覺到痛苦或遇到事情想退縮，都會把內心武裝得很強大。不過這種方法很容易造成傷害，一旦退縮就很難再站起來，我們所需要的是改變思維。建立應對壓力的對策時，比保持堅強更重要的是，必須培養一時受挫退縮也能重新再站起來的復原力，以及預防壓力的心理生活習慣。

復原力的關鍵取決於一個人的人格、行為模式、看待事物的彈性、與周圍的連結等因素，但如果是職場上產生的壓力，還要考量到主管或同事的性格、行為傾向、協助和職場環境等要素。**本書從自我認同危機的角度檢視男性的壓力主因，並且提供如何從中恢復的建議。**別擔心，人人都具備復原力，只要注意自己的思考模式或行事習慣，並加以改變，一定可以克服當前的問題。

但願本書能成為各位的後援，幫助各位擺脫「男性必須堅強而穩定」這種男子漢神話的束縛、擁有從困境當中恢復的力量，並活出能夠對他人痛楚感同身受的全新生活方式。

Chapter 1

自我迷思——

要求自己「像個男子漢」的心病

案例01

有工作潔癖、力求完美的白領菁英

昔日打拚的同伴，成為競爭對手

大約在一個月前，竹村孝一先生（化名，四十幾歲）因為蕁麻疹長期不癒而找上我位於辦公大樓的診所。

連日在公司加班到末班電車的時間，過了凌晨十二點才到家，隔天又要一大早出門上班，他已經連續好幾個月過著這樣的生活了。話雖如此，竹村先生並非最近鬧得沸沸揚揚的黑心企業員工。他畢業於東京的一流大學，考取專業證照，在職場上也位居主管職位，擁有自己的專案團隊。最近還經手大型專案，在職場上頗受肯定，這一點也反映在他的業績上，都是他一步一腳印努力累積至今的結果。

工作雖然辛苦，但他認為獲得成果時的充實感，是任何事物都無法取代的，所以就算回家的時間再晚、犧牲再多自由時間或睡眠時間，他都以無可厚非的心態坦然接受。不過自從邁入三十五歲、一路向上晉升至專案領導人後，狀況就漸漸改變了。

公司內部在二戰後出生的團塊世代[1]陸續退休，同時注入許多新血，竹村先生也因此成為主管，但他與同世代夥伴的交流卻日益減少。以前在有專業證照的主管手下一起打拚的同世代友人，現在也各自掌管起自己的團隊，如此一來，他們就不再是夥伴，反而感覺像是互相爭奪下一個位階的競爭對手。因為每一個人都是某個專門領域的專家，在他人眼裡看來或許無關緊要，但對竹村先生而言，他再也無法把他們當作自己的夥伴，也不再是可以暢所欲言的對象了。

說自己「本來就不太喜歡與人交際」的竹村先生，一心專注在自己的專案工作上，舊時夥伴偶爾舉辦同世代的聚會，他也不再參加。雖然他說：「我比較喜歡獨處，這樣讓我比較放鬆。」但有時心中還是會突然有種孤獨的感覺。

尤其他特別討厭互相分配工作以後，負責其他領域的人犯下錯誤。專案會從各種領域召集負責人，其他企業或其他領域的負責人一旦出錯，結果還是由身為專案領導人的他擔負起責任。竹村先生之所以連續幾個月都加班到末班車時間才回家，也不是因為自己的失誤，而是因為其他領域的負責人出錯的緣故。

1 指二次大戰後日本戰後嬰兒潮出生的世代，現在約七十歲。

「太不合理了！我一直在想為什麼該道歉的人是我，搞得自己整天心煩意亂。可是犯錯的負責人就算道歉也無濟於事，到頭來替他擦屁股的人還是我……。」

無法忍受失誤，也不知從何發洩情緒

竹村先生本人總是希望把工作做到最好，至今為止也因為這種求好心切的態度，交出了漂亮的成績單。所以他堅定的認為，不能原諒其他領域的負責人犯錯。當然犯錯的當事人曾經表示歉意，結果卻惹得他更加惱怒，因為「道歉於事無補，結果已無法挽回」。

果不其然，竹村先生是在從事專門職業的嚴厲父親的教育下長大。他的觀念就是「犯錯的人絕對不能原諒」。雖然人總有疏忽的時候，但最令他不快的原因在於，各領域的負責人應該互相支援，重複檢查以防患於未然才對，然而這次的紕漏顯然是因為其他領域的負責人合作不夠密切，所以最後才會連他都遭受牽連。

「感情用事或對負責人發脾氣，一點也不穩重對吧？」竹村先生一向認為身為主管，破口大罵是一件很丟臉的事，他不想要破壞自己在職場上「總是冷靜自持，不會驚慌失措」的形象。

竹村先生又高又瘦，即使在炎熱的夏天也是一身正式西裝配上傳統的領帶，這樣的他確實不適合揮汗如雨或破口大罵的形象。所以他會因為蕁麻疹癢到無法繼續繫領帶，只好前往診所接受治療，可見情況有多嚴重，畢竟他可是個討厭去診所看病的人。

在看皮膚科時，他之所以會被問及最近生活的不規律與大量飲酒等問題，是因為在抽血檢查肝功能後，院方發現他血液中的ＧＯＴ（Glutamic-oxaloacetic transaminase，麩胺酸草醋酸轉胺酶）、ＧＰＴ（Glutamic-pyruvic transaminase，麩胺酸丙酮酸轉胺基酶）與γＧＴＰ（Gamma-glutamyl transpeptidace，γ-麩胺酸轉肽酶）上升，檢查出肝功能障礙的問題，竹村先生因此前往身心醫學科看診。他近來也對自己的飲酒方式感到些許不安，雖然如此，他卻有強烈不願承認內心不安的傾向，於是變本加厲地想靠酒精痲痹自己，但最終因為蕁麻疹造成的發癢與不適感日益嚴重，所以為了確保健康無虞，才勉強前往診所看診。

「工作結束後，趁著搭電車之前，順道在便利商店買兩罐啤酒，然後先乾掉其中一罐。」

在回家途中喝掉兩罐啤酒，到家以後繼續喝罐裝碳酸酒配便利商店的下酒菜，過了深夜一點才沖澡。甚至有一次因為喝醉加上疲勞，還沒走到床邊就倒在地板上昏睡到天亮。選擇沖澡，也是因為以前曾經泡澡泡到睡著，差一點溺死在浴缸裡。畢竟竹村先生自己一個人住，況且他認為，死在浴室裡未免也太丟人了。雖然不喝酒就無法放鬆，但這樣一來，他反而覺得睡眠品質變差了。

睡是睡得著，可是卻很淺眠。有時會一邊做惡夢一邊呻吟，或是早上還很睏，卻在清晨

三、四點就醒來。醒來後一想到工作的事，就再也無法入睡。明知道睡眠不足對身體不好，也努力不去想工作上的事，但他無論如何就是會在心中一再對那些犯錯的負責人感到生氣。

「理性、堅強」的特徵，是酒精成癮的前兆！

提到酒精中毒，我想過去的企業菁英幾乎不會有這樣的形象。不過最近在壓力充斥的環境下，愈來愈多男性菁英對酒精成癮，這些人清楚知道自己正處於危險的狀況中。他們與尼可拉斯・凱吉在電影《遠離賭城》中飾演的酒精中毒者大不相同，白天可以不動聲色地融入社會生活，但為了排解過度融入所造成的壓力，一定要有酒精才能維繫生活，這是男性菁英的酒精中毒特徵。另外，我認為男性菁英的酒精中毒還有以下四項特徵。

❶自我形象強烈，總認為「應該這樣才對」。因為自己是男人，所以不能把脆弱之處告訴別人，不能發牢騷，或是覺得讓別人看見自己沒用的一面是很丟臉的事等等，以男性的角色限制自己，尤其又有強烈的「不能把真心話說出口」的觀念，在這種情況下，人就很容易以酒精作為逃避的工具。

至於為什麼是酒精呢？據信這也受到日本社會風氣的影響。日本的社會，尤其是男性，對酒的罪惡感很低。雖然這也可以套用在香菸上，但一直到十年前左右，不菸不酒的男性還會被說成是無聊的人。喝酒抽菸的男性，感覺比較有男子氣概、工作能力比較強。因此或許可以說就是因為這樣的心理狀態，反而讓大家比較容易接受下班後小酌一杯，是一種職場男性的象徵性行為。

在職場上承受龐大的壓力、壓抑怒氣，還要裝作若無其事地把所有不滿藏在心裡。在職場上過度融入主管這個職務。在這樣的狀況下，開始從酒精當中尋求出口。若小酌一杯就滿足的話還算健康，但一旦酒精中毒，喝酒就不再是享受了。為了遺忘現實的怒氣而愈喝愈多，竹村先生也是一再喝到想吐或頭痛的程度，然後在事後感到後悔。

❷**「某種合理性與區別的想法」，也就是認為即使說出職場上的事或自己的工作內容，別人也無法理解**。既然無法理解，那也沒必要說了——竹村先生也是因為這樣的情形而長期壓抑自己的情緒。

❸**男性菁英若酒精中毒，很多都是因為身體出現症狀，才被轉診來身心科**。有些是像竹村先生這樣，因為酒精造成肝功能障礙才檢查出來，其餘還有因為飲酒過量造成食道破裂、吐血的馬魏氏症候群（Mallory-Weiss syndrome）而緊急住院，或是喝醉酒摔下末班電車的車站樓梯而骨折住院。感覺就好像身體率先發出訊號，試圖提醒主人別再攝取酒精一樣。

❹**應該是生性喜好獨處、身旁沒有朋友**。從事專業工作、不需成群結黨的菁英，由於任何事情都想一個人解決，因此很容易就開始依賴酒精。

「寫下來」和「活動身體」，就是不動怒的發洩

接下來，在面對這群酒精中毒的男性菁英時，只要提出身體症狀的資料加以說明，就能夠讓他們接受並提高對治療的動力。以竹村先生為例，為了達到改善肝功能障礙的目標，我們思考了他為什麼會想依賴酒精的問題。首先我向他說明，壓抑怒氣或把事情藏在心裡不表現出來，會造成他的壓力。把在職場上遭遇的怒氣或不滿累積在心裡不說出來，壓力便就此產生。我告訴他，把這些情緒「表達」出來是必要的。

「表達情緒與氣得破口大罵是不一樣的。『表達』就是用某種形式讓自己內心的情緒顯露在外，因此不見得一定要破口大罵。比如說，你可以把感受寫下來，事後再重新讀一遍。經由這樣的過程，就可以客觀地檢視自己的感受。事後重讀一遍，你可能會覺得當初不需要那麼生氣，也可能反過來覺得自己做得好。像這樣檢視自己的想法（認知），往後在面對壓力來源時，解讀的方式也會有所改變。」

把自己的想法寫在記事本上，不僅可以透過書寫表達，還能進一步檢視自己的情緒。這也可以成為一種認知行為治療，據信對預防憂鬱症特別有效。尤其適合推薦給高學歷、平常屬於理性行動型的男性。

接下來我還告訴他，活動身體也是一種有效的表達方式。「稍微散步一下或動一動身

體，也能夠改變心情。」

美國有一位精神科醫師曾說：「當身體被使用得太過疲勞時，必須讓身體休息。不過明明沒使用身體卻全身乏力不想活動時，**只要活動身體，心情就會隨之甦醒，進而產生幹勁。**」

確實如他所說，對於整天坐著開會或辦公的商務人士而言，活動身體可以說是最合適的自我表達手段。竹村先生對於這一點相當感興趣，他開始在早上出門上班前慢跑十五分鐘左右。「我去健身房也不想要鍛鍊，所以想說自己跑步或許也不錯，一試之下發現出乎意料地暢快。早上淋個浴再出門，感覺心情也變得很不一樣。」

說出來，也不用擔心沒面子的地方

在公司的狀況沒有改變，工作量或其他領域那些失誤連連的負責人也還是老樣子。只不過是竹村先生本身的行動模式改變，就有可能幫助他朝向不依賴酒精的方向發展。在日本，酒精是所有對付壓力的方式中，罪惡感相對較輕的一種。因此，酒精之所以從享樂的範疇，進展至過度依賴的程度，原因正如我們在竹村先生身上所看見的，出於「反正說了別人也不會懂」的心態，把壓力主因埋在心底不願向他人傾訴。這恐怕也是受到男性常見的自尊心問題所影響，所以不願意讓別人看見自己的脆弱之處。

在這種情況下，身心科就是一個「可以談論自己狀況的地方」。在這裡談論自身狀況，一來沒有利害關係衝突，二來也不會是在發牢騷。由於站在中立立場聆聽的人是醫師，因此在這裡說出來也不會傷到自尊心。竹村先生的情況也是，與其說他是在「談論心理狀況」，不如說他是以「談論過度飲酒導致肝功能障礙的職場狀況」的感覺在說話，因此抗拒感也比較少。我想更重要的是，透過談論、表達自己的狀況，他應該有體驗到心情變輕鬆的感覺。

關於竹村先生工作上專業領域的事，我一概不知。照他過去的想法，我就是那些「反正說了也不會懂」的人。不過，即使不了解工作的內容，我還是可以想像或同理他當時的感受或痛苦的心情。換句話說，陷入壓力的人所需要的，**首先是表達情緒，再來是理解、想像或同理他的情緒，而非他的工作內容**。若能實際感受到這件事，對抗壓力的復原力也會提升。

平時總認為「說了別人也不會懂」，或因為「不想讓人看見脆弱之處」、「沒有說話的對象或沒有願意理解自己的人」等理由，累積滿心怒氣或不滿，因而感到身心不協調，對於這些男性而言，身心科經常會成為他們最合適的表達場所。

處方 01

當下感到壓力和負面情緒時，先記錄下來，事後再回頭檢視自己當時的情緒，就知道未來遇到類似的情緒時該如何反應比較好。

案例02

害怕出錯、習慣預設最糟狀況的中階主管

因為預設「最壞的情況」而夜不成眠

長田良二先生（化名，五十幾歲）的就診原因是他已經連續失眠兩個月以上，而且每天早上四點就醒來。三個月前，他在工作上碰到問題，著手進行處理，為了轉換心情，他會在工作結束後喝幾罐啤酒，之後罐裝碳酸酒愈喝愈多。一開始睡眠稍有改善，但漸漸地，他開始會在半夜醒來，也常常一邊做夢一邊痛苦呻吟。他還在想自己是不是有淺眠的問題，結果後來演變成一大早就醒來，而且明明還想睡覺，但只要一醒來就再也睡不著，只能躺在床上輾轉難眠。

「我心想這樣下去不行，再這樣下去會得憂鬱症，所以就來求診了。」正如長田先生所言，經過數種心理測驗後，他心情低落的程度已經明顯呈現憂鬱狀態了。他任職於與建築相關的公司，是某個部門的負責人。由於需要進行施工後的售後服務，因此幾乎都在處理客訴

或施工問題，這次也是一個人扛下三個月前發生問題的責任。內心焦慮地想著「明明不是我做的……」或「萬一賠償金額超過保險理賠範圍的話怎麼辦？」不過他說，因為「其他同事不了解內容，而向造成問題的負責人抱怨，也無法解決任何問題」，所以只能獨自煩惱。

首先，我用一句話開始這段療程：「你願意來找我，已經是很了不起的決定了。」長田先生很會忍耐，他的心情應該已經相當沮喪，表面上卻一點也看不出來，表情也看起來精神奕奕。不過他既然來到身心科，就表示他已經察覺到自己快撐不住了吧？一來職場上沒有幫忙分擔壓力的同事，二來他又是隻身一人從外地來到這裡工作的。飲食都在便利商店購買，住處則是公寓套房。因為忙碌和距離遙遠的關係，他也無法常常回家。飲食、洗衣等生活大小事加上工作，讓他的生活愈來愈沒有喘息的空間。由於週末也很常加班，因此我先以醫師的立場禁止他在週末處理工作。長田先生說自己「喜歡散步」，於是開始利用週末到綠意盎然的公園走走；表示「稍微離開工作場合以後，心情也不一樣了」後，他開始以每月一次的頻率回家與家人團聚。

長田先生說自己總是會預設最壞的情況，或是滿腦子胡思亂想，搞得心情沮喪或焦慮不安。「現在對方雖然沒提出什麼困難的要求，但我一想到哪天如果出現我無法應付的過分要求該怎麼辦，就會焦慮地輾轉反側……。」

防患於未然或預設最壞的事態以預先建立對策，是危機管理的鐵則，然而諷刺的是，這

些工作上的必要手段，對心理健康卻會造成負面影響。不過人類會關注並在意負面因素，據信是求生的必要心理。

危機處理能力，反而成為壓力來源

榮獲諾貝爾獎的丹尼爾　康納曼（Daniel Kahneman）是一名經濟學家，同時也是心理學家，康納曼博士說過，人類總傾向於在意一個小小的負面因素或一件討厭的事，勝過於在意好事。認為是不是只有自己未雨綢繆，或注意到任何一點焦慮因素的長田先生，似乎對這個說法很感興趣。

根據康納曼博士的說法，「人類總是傾向於在意壞事勝過於好事，理由是因為好事放著不管也沒關係，所以不會在意；但壞事只要稍微置之不理，就有可能成為生命的危機，因此為了生存下去，在意壞事是必要的心理。」

康納曼博士還舉出一個簡單易懂的例子：「如果一百顆櫻桃當中有一隻蟑螂，應該很容易就發現了吧？但換作一百隻蟑螂當中有一顆櫻桃，就一點也不顯眼了。」

惡比善更醒目，更令人在意。長田先生之所以對客戶的任何一點態度或反應如此在意並感到焦慮，然後不斷地放大內心的想像，也是因為人類這種危機應變能力的關係。在職場上打滾愈久、職級爬得愈高的商務人士，這種危機應變能力愈強，所以他的能力，也愈有可能成為壓力。因此，我開始和長田先生討論對策。

「比方說，如果你很在意某些讓你焦慮的事，是否可以把它列成清單，然後寫下具體的對策，看看保險之類的能否支應得來？」長田先生則說已經想好可行的對策並付諸執行了。

「那你可以建立一個流程，告訴自己，對於那些讓人焦慮的事，想好對策並付諸執行，再與該領域的專家討論，**然後就可以放手了**。如果這樣還是會焦慮的話，不妨養成這樣的習慣：把這想成是人類的危機應變心理所造成的結果。」

長田先生在客觀檢視自我方面，有相當優秀的能力，而這也可以說是一種在壓力成因多的職場上擁有復原力的資質。最初他來接受治療，也是因為他能夠客觀檢視自己因失眠而處於壓力下的狀態，並判斷「再這樣下去會得憂鬱症」。這樣的資質也是一種客觀判斷自己想法的能力，正因如此，他才能夠轉換方向，從客觀的角度檢視自己總是不斷思考各種焦慮瑣事的思緒。

需要提醒自己「想太多也沒用」的人

因此，我向長田先生介紹了一個認知行為治療的網站。這是日本國立精神暨神經醫療研究中心認知行為治療研究開發中心理事長大野裕醫師的「心理技能提升訓練」網站（http://www.cbtt.jp/），介紹如何透過整理想法並改變行動的認知行為治療，達到轉換思緒或解決問題的目的。據信這種方法對於像長田先生這種習慣「預先思考」，容易因想太多而感到焦慮的商務人士，同時具備客觀檢視自我想法資質的人是有效的。

雖然長田先生工作上待解決的問題並沒有太大進展，看起來好像還在原地踏步，但他顯然已經足夠從容到可以說出「沒辦法呀，只好再等一等了」。「畢竟這也不會要了我的命嘛！我現在常常會想，能做的都做了，接下來就靜觀其變吧！」

長田先生說，即使如此，他還是會一大早就醒來，但是「現在比較不會要自己繼續睡了，反而養成出去外面深呼吸、伸展身體的習慣」。對於隻身赴任、在職場上也沒有「表達」機會的他而言，或許身心科是他唯一能夠表達並檢視自我想法之處。此外，這似乎也成為一個契機，促使他改變「說了對方也不會懂」所以乾脆「不說」的行為模式。

用認知行為治療轉換思考方式

我介紹給長田先生的「認知行為治療」，是一種藉由改變對事物的看法或解讀方式，達到轉換情緒方向的目的，進而改變行動的療法。

舉例而言，請回想一下讓你感到焦躁、生氣或心情鬱悶時的情形。在那之前是不是發生了什麼事呢？有人對你的工作專案提出反對意見、簡報表現不佳、寄信給主管卻遲遲沒有回信。這時，你心中浮現「是不是已經不行了」、「主管忽視我」、「大家反對我的專案，正在想辦法喊停」等想法。接著，你因為這些想法感到生氣或憂鬱，所以你失去了幹勁，開始出現一些用東西發洩、吸菸或喝酒等行為。

像這樣把注意力放在事件、想法、心情、行為上，並關注思考、情緒和行為之間的關聯與影響，就是「認知行為治療」的精髓。然後檢視對事物或事情的解讀方式、對東西的看法，了解自己在思考模式上的習慣並加以調整，進而改變心情、改變行動。

提到改變「思考方式」，腦海中最先會浮現的，應該是正面思考或負面思考。據說「聽到有半杯水時，認為還有很多水的人是正面思考，認為只剩下半杯水的人是負面思考，所以我們應該要想說還有半杯水」，但是人在口渴的時候，基本上不可能會認為「還有半杯水，太好了」。

找出「造成負面情緒」的思考模式

此時，我們可以試著用更客觀的方式解讀事物，將視角改變為「現在這裡有半杯水」，

把焦點擺在事實而非情緒上。把視角改成「現在這裡有半杯水」、「不過我的口非常渴」、「所以我當然會覺得只有半杯水而已」，接下來可以採取的行動，就是請人再幫忙多添一點水。看待事物時，這種冷靜且客觀的解讀方式是很重要的。

「必須認為自己很幸福才行」、「必須覺得很高興才行」，試圖說服自己刻意改變心情是行不通的，想逼自己「別再焦慮了」或「別再生氣了」也是不可能的。因此，**要改變的是造成那些情緒的思考方式或解讀事物的方式**。

若以剛才提到的例子來說，主管沒回信的時候，可能是因為他忙得沒空看，可能是因為電腦故障了，或者可能是因為他正在外面奔波，沒辦法點開來看，理由可能有很多種。此時，不需要馬上開始擔心自己是不是被討厭了，而應該先想想其他的可能性，然後再決定下一步行動。對方有可能還沒讀信，也有可能是信件被混入垃圾郵件當中，那就再稍等一下，萬一還是沒回信的話，就再重新寄一封。此時應該更冷靜地分析事物，而不是立刻陷入憂鬱之中。

對於情緒化的人而言，這也是一種練習用正確且客觀角度看待事物的思考訓練，因此應該也能在商場上派上用場。

處方 02

找出讓自己感到焦慮不安的思考方式，藉由專注在已經發生的事情本身，練習用客觀、不含情緒的角度解讀事情。

不滿足於現狀，希望一切都做到完美

聽長田先生說，原本毫無進展的公司施工問題，後來暫時討論出解決方案了。雖說暫時討論出解決方案，但他的表情卻一點也不開心。

即使對他說：「真是太好了。」他還是含糊其詞地答道：「雖然有結論了，但我卻陷入自責的情緒中……。」問他怎麼回事，他說結論出來以後，今後的維修保固必須連續追蹤五年才行。「我很遺憾自己可能沒辦法看到最後了……」他想責備負責的部屬為什麼犯下這種錯誤，卻只能拚命壓抑在心裡，害他壓抑得胃都疼了。每當夜裡獨自一人時，就會一再想起此事，這些念頭讓他睡得很不安穩。

「我本來想說只要能夠解決或是盡快討論出一個結果就好了，而現在也確實討論出結果了。」長田先生說得含糊不清。即便他如此想要早點討論出一個結果，討論出來以後還是有其他事情讓他感到不滿。尤其事情算是在保險範圍內圓滿解決，對方似乎也沒有向他們要求額外的費用。

「雖然對方也感受到我們的誠意，然後公司這邊也表示可以接受這樣的解決方式。」

我問：「難道還有其他更好的解決辦法嗎？」他說：「沒有。」既沒有更好的解決辦法，該做的事情他也都做了，可是一思及此，他又開始懊惱，當初為什麼如此粗心大意呢？懊惱到自己都受不了，連食慾不振和失眠的症狀都再度復發。

可能是因為他先前一心想讓事情早點落幕，所以當事情一有了結果，原本壓抑在內心的其他思緒全都浮上來了。有時跨越艱難的阻礙以後，確實會在卸下重擔的瞬間陷入憂鬱。在日本，有人把這稱作「卸下重擔後憂鬱」，包括完成養兒育女的主婦或完成重要任務的商務人士等，都必須格外注意。長田先生應該正處在需要稍作休養的時期。

「但是部屬正在第一線打拚，我不可能說休息就休息，所以我想再努力一下。」長田先生說，「好不容易有個結果了，卻還是放不下心來……。」他的表情比先前更加黯淡了。

在這之前，他確實說過好幾次「要是能早點了結這件事就好了」這樣的話。因此，我決定向長田先生分享一個「美國人中樂透的故事」。

一般人都認為，如果中五億樂透的話，應該可以一輩子過著幸福快樂的日子。事實真的是這樣嗎？布里克曼（Philip Brickman）調查過樂透得主中獎後的幸福程度，並於報告中指出，幸福感大約在二、三個月以後就會消失，因為人很快就會適應那樣的環境，認為自己所擁有的一切是理所當然的。**一旦達到或獲得目標與希望後，立刻變得理所當然並產生新的欲**

望，這就是人類的天性。

還沒結婚的時候，以為只要結婚就會幸福，還沒找到工作的時候，以為努力找到工作就會幸福，然而一旦結婚或找到工作以後，又開始出現別的不滿，使得幸福感再度消失。

人類或許就是一種很難滿足於現狀的生物，總是想要追求「更多的什麼」，「不可以沉溺或滿足於現狀。隨時追求新的東西才能有所進步」——我們從小就被這樣教育。不過，這樣的思考方式雖然會帶來進步或發現，卻也會讓幸福感減少。

在追求「更多的什麼」之前，先確實掌握自己已經獲得的現狀，再思考下一步要尋找什麼，才能防止幸福感消逝。以長田先生的情況來說，他必須做的第一件事，就是確實掌握自己已經「盡力獲得最好結果」的事實。在這個事實之上，妥善照顧身體、營造可以充分睡眠的環境，才是最適合他的選擇。

先接受既成的結果，再訂出下一個目標

一開始長田先生說：「我會一直去想為什麼部屬不用心做好這件事，然後整晚睡不著。」但我告訴他「卸下重擔後憂鬱」和休息的事，並建議他不妨回家看看家人以後，只見他表情稍微放鬆下來：「其實我上個週末才回去一趟。」然後喃喃說道：「下次我想趁著週

末請一天假，好好回家休息一下。」接著又說：「但是我自己雖然也很痛苦，我想我的部屬應該也不好受。之後大概也會一直掛記在心上……。」

長田先生一方面很想責備部屬，另一方面卻又有心為對方著想。如果他是那種只會一味責備對方的個性，或許就不會如此痛苦了。如果他能夠撇清一切責任，只負責出面解決工作上的問題，心情就不會如此沮喪了。

自己身為主管的責任感、對公司造成損害的自責念頭、退休前還留下未盡之事的想法，折磨著長田先生。聽說公司的同事或其他部門的人，也會時不時地關心他說：「事情怎麼樣了？還好嗎？」

「但是每件事情都要說明實在又累又麻煩，所以……最後我總是落荒而逃。」或許職場上也有不方便說話的情況，不過在某個地方談論狀況，客觀地審視現狀，對於像長田先生這種完成業務上重責大任的商務人士而言尤其必要。先掌握現狀與結果，再開始建立新的目標，可以說是防止幸福感消逝和預防「卸下重擔後憂鬱」必不可缺的一環。

處方 03

掌握「已經發生的事情」，別忙著檢討「沒有做到的事情」。

案例03 認為抱怨工作也沒用、忍到身體出狀況

表現脆弱是男人的負面形象嗎？

「沉默寡言的男人比較帥氣」，這個觀念束縛著許多男性的心理。聒噪的男人不受待見，在聚會上乘著酒意傾吐職場上的積鬱，也不符合當今的風氣。見到其他人受裁員風波影響陸續離開的狀況，同事之間也瀰漫著一股不敢隨便亂說話的氣氛。

如果不是在一定規模的大企業任職，基本上不會有職業類型相同的同事與自己經手同樣的業務，所以也不會像高度成長期那樣，還有餘力號召眾人下班後一起去喝一杯。如果是高學歷且任職於一流企業的員工，由於自尊心的關係，應該也無法輕易向他人傾吐怨言。站在人人欽羨的立場上，這些男性討厭訴苦的舉動，不想將自己脆弱的一面示人。

甚至有人認為，「受人羨慕」是一種身分認同；不過，**「談論自己的狀況」也並不等於「訴苦」**。透過向他人談論狀況或自己的內心話，也能提供發言者一個客觀檢視自己的機

會。在身心科談論自己狀況的過程中，本人也能意識到「或許沒有必要把自己逼得那麼緊」；又或者他可能會心想「我已經努力到現在了，差不多夠了吧？」

話雖如此，許多男性菁英非常討厭「心理疾病」，也有很多人堅決不接受診療。心理疾病被與「弱者才會得到的疾病」畫上等號的形象，還有「脆弱的男人不好」的觀念，都是男性同胞對心理疾病過敏的原因。雖然堅持不為心理疾病看醫生，但為了身體症狀看醫生的話，反倒成了一種勳章；因此在身心科，有非常多人是因為身體症狀才來就診。

明明對症下藥，症狀反而更嚴重？

說自己有頭暈與頭痛症狀的A先生，每到工作忙碌的月底，症狀一定會惡化。被指派參加責任重大的專案，或是人際關係出現問題，都讓他的頭痛變得更嚴重。至今為止他曾到耳鼻喉科的眩暈門診、腦神經外科、骨科，接受過MRI等各種檢查，每一項結果都毫無異常。即使如此，他還是寧願反覆檢查，也不想承認這是起因於心理或壓力因素。

有人因為消化器官的症狀，定期照胃鏡、大腸內視鏡和MRI，也有人稍微忘記一些事情，就擔心自己是不是得了失智症，特地跑去做腦部檢查。

身體的症狀也可以說是心理的徵象，當症狀出現時，若能積極面對內心的壓力來源，恢復的速度也會比較快，但如果因為討厭這件事，就反覆檢查自己是否罹患所謂「器質性疾病」的「身體疾病」，或是到處尋訪不同的醫師，久而久之，症狀或狀況將會漸趨複雜。為什麼呢？因為許多醫師曉得身體症狀的根源是心理問題，所以一旦檢查發現器官沒有異常，就會懷疑是壓力因素所造成。然後他們會確認患者是否有睡眠障礙或心情沮喪等症狀，如果有這些症狀的話，就會開出安眠藥或抗焦慮藥物等處方。

雖然這些藥可以暫時減輕症狀，但患者身上最根本的壓力成因並不會消失。此外，這也無法促使患者去思考解決壓力的根本對策。長此以往，藥量可能會逐漸增加，若工作日漸繁忙，還有可能會無法適應。藥雖然有效，但還是要在釐清壓力成因，並建立提升自我復原力對策的前提下，再配合服用比較重要。

就算不說出口，也會讓旁人感到壓力

從那些因為極度排斥心理疾病而忍耐到極限的男性身上，我們可以發現一件令人意外的事，就是很多人明明已經在骨科或消化內科被醫師開立抗憂鬱症處方藥物，卻還是一味否定自己有心理疾病。

B先生因為經常加班，每天過著趕搭末班車的生活，隔天又要早起上班，因此在這樣的勤務體制下，他總是因為「為了早起，一定要早睡才行」這樣的心理壓力而感到焦慮。不過他堅決不去精神科，因此他從網路上購買抗焦慮藥物和安眠藥，連續服用了半年。在長期服用酒精與安眠藥、睡眠時間不足，再加上飲食不規律的情況下，某天早上他照鏡子，發現自己眼睛充血、結膜變黃，而且還感覺想吐，身體莫名乏力。在那種狀態下，他終於前往內科就診，並且被指出有肝功能障礙的問題，最後經由消化內科轉介到身心科就診。

B先生雖然已婚，但從來不跟太太分享工作上的事，因為「說了她也不會懂」。太太曾經說要幫他做便當，他用「跑業務沒辦法帶在身上」的理由拒絕了；太太關心他的身體狀況，他只回答「跟妳說了妳也不會懂」。從此以後，他跟太太的關係也每況愈下。

很多男性認為「職場上的事，最好不要帶回家裡」。姑且不論那些「先生的工作再辛苦也不想知道」的女性，但大部分的太太們並沒有這樣的想法。或許男性不喜歡向太太提起職場上的辛勞或痛苦，因為這樣好像是在訴苦一樣，但是基本上，太太們都希望能夠共同分擔先生的辛勞。

就算太太沒有想要分擔的想法，但當先生心情不好，自己卻不知道理由時，她們也會感覺到壓力。先生在職場上不順心或碰到問題，回到家當然不可能高興得起來。B先生深夜返家後，經常默默地從冰箱拿出啤酒來，對著電視獨飲。太太見到先生不發一語地坐在電視機前，當然會感到不安。從B先生的立場來看，他已經累到沒有力氣說話了，因此很想自己一個人靜一靜，也認為太太應該要能夠察覺到這一點才對。

不過心裡的話不說出口，對方是不會明白的。所以面對一個悶悶不樂又工作深夜才回家的先生，而且也沒有餘力討論家裡的事，太太自然會感到不滿。到最後，當先生一說出「跟妳說了妳也不會懂」時，夫妻的連結就會被切斷。其實，此時只要說一句「我累到沒辦法講話」就夠了。

為了達到改善肝功能障礙的目的，我請B先生減少工作量，改善他的生活型態。他說他休養了一陣子，等到身心狀況都比較寬裕的時候，向太太說明了過去這段日子的狀況，也得到了對方的理解。

提到症狀、疾病或休養，大部分人都會把這些視為不好的事。**不過症狀是一種跡象，提醒我們別再前進，該停下來改善狀況了。**若能即時修正方向而不埋頭猛衝，即可以煥然一新的姿態再度出發，我希望各位用這種角度看待身體上的症狀。

處方04

當壓力過大，身體出狀況時，不能只解決生理症狀。給自己一點「暫停」的時間，稍微修正方向。

01
COLUMN

解開成癮的機制之謎：以戒菸為例，學習用科學的方式擺脫各種成癮

酒精、香菸、工作、賭博、減肥或特定食物，人類「沉迷」的對象五花八門。在人生的某些時刻，有些人就是會在一瞬間邂逅「改變心情的東西」。無論是百無聊賴的時候、日子過得相對較順利的時候、失敗或焦慮的時候，只要一做那件事情，心情就會得到舒緩，動不動就想依賴它。不知不覺間，它開始控制自己的人生，沒有它日子就變得很難過。為了得到它，日常生活停滯不前。沒有它就活不下去的事實，開始對人際關係或社會生活造成妨礙，甚至有可能損害健康——這就是成癮的機制。

為了「減輕痛苦、安定心情」而成癮

即使想戒也戒不掉，我想為此煩惱的人應該很多。趁著思考為何戒不掉的問題之際，以下就來介紹一個相當引人注目的理論。哈佛大學精神科臨床教授康齊恩（Edward J. Khantzian）等人提出了成癮症「自我療癒假說」，詳細內容

如下：人之所以會對某些物質成癮，是因為那能減輕心理上的痛苦或造成改變。而成癮的對象「因人而異，端視其選擇何者而定」。並不是所有成癮物質對每個人都具有魅力，人只有在遇到符合自身藥理作用的物質時，才會出現成癮症狀。換言之，心理上的痛苦才是成癮的本質，人是為了減輕那份痛苦，獲得心靈上的安定，才會對某種物質上癮。

雖然成癮性物質各有不同的作用，但就目前所知，**這些物質的共通點就是會在腦內建立回饋機制**。詳情暫且略過不提，但酒精與多巴胺的釋放有關，尼古丁也同樣會刺激多巴胺釋放，還有鴉片、嗎啡、海洛因等所謂的鴉片類物質也是，至於古柯鹼、安非他命則會阻礙多巴胺的回收，進而強化腦內的回饋效果。換句話說，成癮性物質會提高多巴胺的濃度，使人的心情安定下來。

另一個更引人關注的現象是，據說在暴飲暴食或慣性自傷行為後，β腦內啡或腦啡肽等的分泌量也會隨即增加。[2]

抽的不是菸，是一種態度和氣氛

在此，我想根據這樣的前提，重新思考關於「成癮」的問題。嗜菸、嗜酒、工作狂，即使對這些成癮，應該也很少人會因此有罪惡感。尤其是香菸，即使對酒精成癮的人會去精神科就診尋求諮詢，但對香菸成癮的人卻不會去精神科或身心科就診。香菸在濫用比例最高這方面與酒精不相上下，但治療上卻僅止於戒菸門診或藥局販賣的戒菸貼片。

罪惡感之所以如此薄弱，或許是受到與香菸有關的文化和社會背景所影響。「吸菸的男性」給人的印象，是一種堅強與男性化的象徵。在一九七一年的暢銷曲《橫濱黃昏》中，有一段歌詞就是「橫濱，黃昏，旅館小客房。親吻，餘香，香菸的煙氣」；之後一首叫《謊言》的歌曲當中，也有「從折斷的菸頭，我看穿了你的謊言」；《美國橋》當中也有「你戒菸了，從何時開始的？」在這些歌曲裡，香菸都被用來當作男性化的象徵。

五輪真弓有一首發表於一九七三年的歌，歌名叫《菸草的煙》。至一九七三年為止的高度成長期，與八〇年代起的泡沫經濟時期，香菸都象徵著「帥氣」與「堅強」。成癮也是一種「否認」的病，「沒什麼大不了的」、「想戒隨時可戒」、「大家都在抽菸」、「很多有菸癮的人，身體還是很健康」，藉由這樣

2 D.M. Ziedonis, T.R. Kosten, W.M. Glazer, and R.J. Frances, "Nocotine Dependence and Schizophrenia," Hospital and Community Psychiatry 54（1994）：204-206.

的自我催眠來否認成癮。

據說在與媒體相關的職場上，至今依然存在著一種說法是「不抽菸的人難成大事」。一來如果主管本身是吸菸者的話，很有可能會發生這種情況，二來也可能是想透過這句話來否認香菸成癮，好讓這件事顯得順理成章。

抽菸的習慣，是一種心理依靠

本身有在抽菸的人，是不是讀著讀著就不禁想要來一根菸呢？暫且闔上書本來一根菸，這種事總是有個理由。理由會在後文詳細解說，在此先介紹一下尼古丁的藥理作用。

約翰．休斯（John Hughes）博士以對尼古丁成癮的研究聞名，根據他的說法，尼古丁的藥理作用是提高專注力、降低焦慮或憂鬱、緩和易怒情緒以及抑制食慾。必須注意的是，尼古丁具有緩和情緒性痛苦的效果。有一項長達二十一年的追蹤調查是以一千兩百名受試者為對象，調查憂鬱症與香菸之間的關聯。[3]調查報告顯示，在青春期發病的憂鬱症患者，日後對尼古丁成癮的機率較高。

此外，另一項調查則顯示，吸菸率會隨抑鬱症狀的惡化而提高，反之戒菸率則會降低。[4]有抑鬱症狀的人，戒菸率大約是沒有抑鬱症狀者的二分之一，換句話說，**有抑鬱症狀的人較難戒菸**。由此可知，吸菸者為了緩和抑鬱症狀而吸菸的可能性很高。

看到這裡，有吸菸習慣的人或許又想來一根菸了。每次聽到「香菸會提高罹患各種癌症的風險」或「請戒菸」之類的話，我想別談什麼戒菸了，反而讓人更想抽菸吧？因為被人告知危險或遭到否定所產生的焦慮或不悅的感覺，會成為香菸的導火線，驅使人們採取依賴香菸的逃避行為，而不去面對那些造成焦慮的現實。

我曾經問過一名年齡介於五十五歲到五十九歲之間、正在接受高血壓治療，而且有腦中風病史的商務人士：「抽菸讓你感覺如何？」他說：「嗯……

3 D.M. Fergusson and L.J. Woodward, "Mental Health, Educational, and Social Role Outcomes of Adolescents with Depression," Archives of General Psychiatry 59, no.3（2002）：225-231.

4 N. Breslau, M.M. Kilbey, and P. Andreski, "Vulnerability to Psychopathology in Nicotine-Dependent Smokers: An Epidemiologic Study of Young Adults," American Journal of Psychiatry 150（1993）：941-946.

怎麼說呢，就是有種放鬆的感覺吧。」同樣地，我也問過一名六十歲的單身女性，她有糖尿病和腦中風病史，而且還有抑鬱症狀，她給我的回答觸及了核心，她說：「菸是我的心理依靠。」

專業心理醫師的兩個戒除成癮祕訣

即使旁人耳提面命地要你戒菸，你也絕對不戒。為了逃避被人耳提面命的痛苦，你應該更想投入香菸的懷抱裡。那到底該如何是好呢？我想提出以下建議。

❶ **確認吸菸的時間和頻率**。每天大約幾點會抽幾根菸、一星期中的哪一天抽得比較兇。接著確認抽菸當下的心情，還有抽菸之前發生的事情。只要把這些記錄下來，自己內心的傾向與行動就能一目瞭然。有人曾經試行這套方法一個月，這位先生一邊治療高血壓，一邊在大樓管理公司上班，他發現自己在週末兩天，也就是星期六和星期日抽菸的數量是平日的兩倍，早上一定先來一根，另外在午休和中間休息時間等工作暫停時，抽菸的數量也很多。除此之外，遇到麻煩時也會稍微增加，還有工作快結束時也容易來根菸。當下的心情是「沒為什麼」、「有點閒」、「待會必須出外一趟」、「感覺想要稍微轉換一下

心情」等等。

由於香菸的藥理作用包括「提高專注力」、「降低焦慮」或「緩和易怒情緒」等等，因此會有這樣的結果也是可以理解的。換句話說，心想「該認真工作了」的時候，可能會想借助香菸的力量；為了打發週末時間，可能也會用香菸來填補內心的空洞。

在這種情況下，我想提出的建議是，**把提高注意力的暖身工具換成香菸以外的東西**，或是利用週末空閒時間培養新的興趣，把心思放在其他事物上。

但若從香菸的藥理作用來說，如果改變的行動無法代替香菸釋放多巴胺，或是沒有放鬆效果的話，再怎麼改變行動也無法獲得滿足感，最後恐怕還是會重新回到吸菸的模式。

前面這位有高血壓、在管理公司任職的男性，為了戒掉一早起來就抽菸的習慣，他開始在早上喝茶，喝完茶以後立刻代替太太出門溜狗。他說藉由散步改變心情，大概走個二十分鐘以上，就能夠減輕一開始想抽菸的衝動。雖然才剛開始不久，還不曉得結果如何，但經由這樣的嘗試錯誤，來尋找個人專屬的代替香菸的行動模式，是擺脫成癮的關鍵。

像這樣一直想著要戒菸、要戒菸卻始終戒不掉的人，一旦找到內心熱衷的事物幫助釋放多巴胺，進而改變行動，變化便就此發生。尼古丁會在投射至大腦伏隔核與額葉皮質的中腦皮質邊緣系統的多巴胺能系統中，對尼古丁乙醯膽鹼受體產生作用。尼古丁產生作用的腦區，在處理喜悅和回饋情緒上是相當重要的部分。因此，光用其他行動代替抽菸，是無法有效戒菸的。唯有在生活中慢慢尋找、增加一些即使不吸菸也能釋放等量多巴胺的東西，才能有效的擺脫香菸成癮。

❷ 尋找「觸發器」。所有成癮症狀都有觸發行動的觸發器，以外在條件而言，場所、時段、特別的日子等，都有可能是觸發器。例如每次走進居酒屋就習慣掏出香菸、每到深夜就習慣來一根香菸，或是每到發薪日就習慣囤購香菸等等。

內在觸發器則包括憤怒、孤獨或無聊等身心狀態；此外，和抽菸的朋友相處，也是觸發的主因之一。找出觸發器為何並與外在觸發器保持距離，是戒除成癮的必要行動。

Chapter 2

職場環境——苦於適應新時代與他人評價

案例04

工作內容改變，為了適應而努力到極限

被時代潮流衝擊的舊有工作模式

購物的模式是在什麼時候改變的呢？回顧個人經驗，我想大約是從二〇一〇年開始的。我還記得二〇〇八年剛到美國生活的時候，看見一位任職於IT相關企業的朋友在網購平台上刷卡，我問他「這樣做沒問題嗎？」他的回答讓我相當驚訝，他說：「已經有兩次被人盜刷了，其中一次還發生在荷蘭。」

不過在無法立刻去購物的時候，或是附近買不到商品的情況下，我開始使用網路購物，並且逐漸對網購失去抵抗力，現在我不僅會透過網路購買重量較重或體積較大的物品，連書籍、泳衣、鞋子等都在網路上買。在我住家公寓的垃圾場，每天都有一堆網路購物用的宅配空紙箱。

根據調查顯示，一九九七年開設網站的樂天，第一個月的流通額是三十二萬日圓（以匯率〇・三〇計算，約新臺幣九萬六千元），但到了二〇〇七年的交易額已超過五千億日圓（約新臺幣一千五百億元）。據說整體零售業的電子商務市場，已在二〇一一年達到四・五兆日圓（約新臺幣一・三五兆元），約為百貨公司的七成水準，美國的百貨公司與電子商務則在二〇一一年逆轉。果然在二〇一一年前後應該就是商業模式、也就是消費者購物模式的轉換期。當然，對於與零售業有關的商務人士而言，也可謂為工作上重要的轉換期。

福山孝先生（化名，四十幾歲）是一名個性開朗、喜歡接觸人群的業務員。工作並不讓他感到痛苦，反而因為熱愛溝通的關係，所以他不討厭工作到深夜，也很喜歡出差。在生活方面，雖然已婚，但膝下無子，太太也有工作，因此週末即使不在家也沒問題——或許他不在家，太太反而樂得輕鬆。

福山先生在公司也很受到主管和部屬的歡迎，尤其在業務方面的說服力，好到大家都說無人能出其右的程度。由於他在推銷時很能夠掌握商品的優點，因此店家也願意把商品陳設在較好、較顯眼的位置。再加上他懂得如何與店長拉近關係，所以店長也會幫忙向客人推銷商品，業績自然節節高升。能力深受好評的福山先生，不僅肩負指導新進的責任，也從二〇一〇年開始負責統籌關西地區的業務。

宛如「走在圍牆上」的不安感

很有業務頭腦的福山先生說，他大約從二〇一一年開始就隱約感覺到零售業的變化。「建築物不是有圍牆嗎？我覺得就好像穿著鞋子戰戰兢兢地走在圍牆上一樣。」他說那種感覺不像站在地面上，腳踏實地邁開步伐說：「好，開始工作囉！」而是「沒問題嗎？會不會突然有一陣風迎面吹來呢？我得小心別跌倒才行。」一邊注意周圍的風吹草動，一邊小心翼翼地向前走。

不安的理由，來自於急速成長的網路營銷。不出所料，福山先生晉升業務統籌後，公司便將「網路營銷的充實與對策」設為目標，「建立擴充網路營銷企劃」的號令比以前更多了，總公司的會議也更加頻繁。公司的方針是轉換零售的商業模式，他被嚴令減少對零售店的訪問與推銷，直接透過網路的電子郵件提供資訊，同時盡快建立一個以一般大眾為對象的銷售系統並付諸執行。

福山先生當然也依據這樣的方針轉換工作模式。「這樣一來，感覺何止是戰戰兢兢地走在圍牆上，根本就是墊著腳尖了，而且只要稍微重心不穩就會摔下來。」福山先生從那個時候開始就變得很淺眠。

即使如此，福山先生對公司的忠誠度還是很高。他開始投入自己不太擅長的網路營銷，幾乎不再實際外出前往零售店頭了。

「不過即使如此，偶爾去熟悉的零售店跑業務，還是讓我感到很安心，覺得跟人見面實在是一件很棒的事。」

福山先生一時緘默不語。從他閃閃發亮的眼神當中看得出來，他正沉浸在當時美好的回憶裡。

「是啊，您是真心喜歡與人接觸吧？」

福山先生頷首，繼續娓娓道來：「也許我比較傳統，我始終認為人與人之間面對面的交流，才是做業務最基本的形式。每次用電腦一次寄出大量郵件散布資訊，我都不由得反問自己到底在做什麼啊？必須做與自己想法不同的事，是一件很累人的事。每次一想到自己到底在幹嘛，我就無法入睡。」

已經到達極限的「努力」

即使如此，福山先生還是很努力，「畢竟工作就是工作，公司有公司的方針，所以我不想埋怨些什麼。」雖然每天過著用自己不擅長的方式，進行銷售企劃、會議等違背心之所向的日子，但他還是適應了這樣的日子——我想，不如說是過度適應了。

據說他的成果使得業績持續提升，在公司內部也獲得比以往更高的評價。福山先生平時都在關西，因此只有開會或與家人相聚時會來東京。我最後一次和他交談的那一陣子，他因為內心糾結而失眠，那略顯消瘦又缺乏活力的樣子很令人擔心。我建議他在擴充網路營銷的同時，或許也能想想有沒有什麼方法，能讓他繼續發揮面對面向人推銷的專長，但我不曉得他是否找到了出路。對公司或商品強烈的執著心，讓他出現過度努力的傾向，而這種傾向有可能害他搞垮自己的身體，就像他自己所說的，他正步行在「圍牆之上」。

我再一次見到他是三個月後的事，出乎意料地，福山先生看起來精神飽滿，感覺也不像是刻意裝出來的。我還來不及問他：「最近如何啊？」他就率先開口了。

「我決定下個月要辭職。」

他說業績成長得很順利，關西地區的業績蒸蒸日上，公司甚至問他願不願意負責關西與九州地區，也就是統領整個西日本地區。當然，薪水和職位也會向上調升，條件確實很吸引人。

不過福山先生突然心想，這樣下去自己會變成什麼樣子呢？如果晉升管理職的話，隨著職位的提升，他恐怕必須花更多的時間坐在辦公桌前面對電腦。這樣真的可以嗎？**光是現在這個階段，他就已經得努力到極限了。**

「醫生，那個時候，我想起了之前和您聊過的彼得原理（The Peter Principle）。」

承認自己「已經到極限」的勇氣

彼得原理最初發表於一九六九年，是南加州大學教育學家勞倫斯・彼得（Laurence J. Peter）所提倡的理論，他說在功績主義的階層社會中，人被拔擢到個人能力的極限後，原本能勝任工作的員工將成為無法勝任工作的中階主管。無法勝任工作的員工會一直停留在原來的狀態，但能夠勝任工作的員工只要持續升職，最終還是會升到無法勝任的職位。**因為高階職位需要的不是更高水準的技巧，而是不同於以往工作內容的別種能力。**換句話說，就是處於過往的技術或技巧再也派不上用場的狀態。

「我覺得自己已經到達無法再向上晉升的階段了。」

公司正積極將業務轉換至網際網路，並急速朝著縮減人力與削減成本的方向發展。業務面對的挑戰勢必更加嚴峻，每人平均工作量恐怕也會增加。這讓福山先生開始擔心，不曉得自己究竟能不能做到。不過他與公司和一系列的商品已培養出感情，與研發人員也經常往來溝通，熟知商品的優點或特徵，因此他內心十分糾結。

福山先生原本就很重視自己與別人的關係，在往返於關西與東京之際，也會有關西地區其他業界的夥伴邀他共進晚餐或出席聚會。其中一位從關西發跡的中小企業總經理，相當清楚福山先生跑零售店的本事，也對他的能力有很高的評價。在持續糾結的過程中，與這位總經理的面晤成為他轉職的助力。

「最後促使我下定決心的，就是太太的一句『不錯啊，就去試試看嘛』。」

新公司的規模雖然小到無法與之前的企業相提並論，但他們注重的是手工製造，原則上也希望穩紮穩打地當面銷售商品給確實有需求的客戶，至於網路營銷部分，也不打算改變以反向限制培養價值觀的方針。

「那真是太好了。但是原公司應該會慰留你吧？這方面沒問題嗎？」

福山先生被公司強烈慰留，同事和部屬也感到惋惜。每次碰到這種情況，「我都覺得心裡被刺痛了一下，但我還是覺得，我想要面對面、看著客人的臉賣東西。」他說。

過了四十歲以後，轉職的決定需要勇氣。更何況是從知名企業異動到地方的中小企業，應該會有很多人感到遲疑。我想福山先生刻意選擇這條路是出於他冷靜的判斷，因為他已經預測到過度適應的自己，如果繼續奮鬥下去，總有一天會燃燒殆盡。後來，我再也沒見到福山先生，我想他應該活力十足地繼續在職場上打拚吧！我可以從他的言談之間，充分感受到他對於工作的用心細膩。

「升職」其實就是轉換工作跑道

福山先生的情況，可以說是由商業模式改變所造成的一種適應障礙，但若從另一種角度解釋彼得原理，這也可以說是一種由「升職」的職務變化所造成的適應障礙。事實上，很多人一升上更高的職位，就從原本「工作能力很強的人」變成「工作能力不怎麼樣的人」。本人再怎麼心急也毫無成果，主管更是在各方面抱怨連連，「為什麼讓這樣的人升職？」結果讓人更加焦慮。

曾經有一家中小企業拔擢一位三十幾歲、現場應變能力很強的年輕課長為部長，讓他負責開發新事業，結果卻一點也不順利，那位新部長還有一段時間累到身體都操壞了。新部長雖然意氣風發地投入新工作，但現場應變講求的是靈敏的被動應變能力，開發新事業卻是一個講求主動創意的領域，因此得不到部屬的肯定，新事業也凋零萎縮，都是形成嚴重壓力的主因。

此外，還有一位任職於其他媒體相關企業的課長，他在三十五歲到三十九歲的階段，是個很會照顧部屬、對公司忠心耿耿，將來也很有希望成為高階幹部的人，但自從跨越四十歲門檻，迅速被拔擢為部長以後，不知為何新開發的事業卻停滯不前。在每月一次部長級以上的幹部會議中，他總是被指責為開發遲滯和業務推廣成效不彰的問題。苦幹實幹型的新部長連日工作到深夜十二點，即使叫他早點回家，他還是要留下來加班。這樣的行程持續超過一年，最後他暈倒在職場上，被救護車送到醫院去。

他會連日工作到深夜，是因為基於愛護部屬，總是會支援底下人的工作，常常一做就做到下午五點以後，然後才開始處理自己的工作，因此工作勢必會拖延到下班以後。因為他總是在幾乎耗盡精力的狀態下處理自己的工作，當然不可能有什麼好的表現。

這種升職後過度適應的情況，或許也可以說是彼得原理的一種，現代社會或許該用更廣義的角度解讀彼得原理。升職雖然是一件喜事，卻並不是輕鬆。必須注意的是，隨之而來的改變，並不是只有工作量而已，升職甚至可以被視為程度等同於「轉換跑道」的壓力成因，必須謹慎以對才行。

比起「加薪多少」，應該自問「能做多少」

升職的人不可以掉以輕心地認為「我只要繼續向上爬就行了」，晉升是因為你在目前的職位與內容上如魚得水，但你必須事先了解在晉升以後，有幾成比例是你能夠發揮自己實力的工作。如果需要接手不同領域的工作，那麼評估自己是否能夠培養出那樣的能力，也是很重要的。

從這層意義來說，福山先生的情況就是把自己放到可以發揮實力的地方，提前預防適應障礙的問題。換言之，如果升職以後的工作內容會大幅改變，而你又擔心自己的能力無法發揮的話，恐怕有必要先向主管等人尋求諮詢。

另一方面，從主管或人資的立場來考量，如果有意讓某人晉升的話，那麼調查他的能力與性格傾向是否能在晉升部門獲得良好的發揮，或是當面與本人討論等等，應該都有助於預防彼得原理。

雖然許多人事異動都公布得很臨時，但也有企業開放讓員工申請自己想要異動的單位，事先了解員工本人的期望也是重點之一。此外，提前讓本人知道升職以後，工作上會有什麼樣的變化，應該也是必要的一環。

在一般人的觀念裡，升職是每個人都喜歡也渴望的事，但重要的是，事前應該確定一個人是否具備足夠的彈性，適應伴隨升職而來的環境變化。比起晉升管理階層，有些人更能在第一線發揮能力。這個部分的評估，也是屬於企業人資單位的工作。

處方 05

大環境波動或是因升職帶來的工作內容、模式變化，在適應的過程中，比起馬上做出成績，更重要的是了解自己的能力和極限。

案例05

不想踏出舒適圈，抗拒已經到來的改變

不想接受「變得沒用」的自己

山本誠一先生（化名，五十幾歲）在一家零件製造商的業務部門任職十五年了。十五年前剛從其他行業轉職過來時，他所任職的企業還穩坐業界當中的龍頭寶座。亮眼的業績與品牌形象曾讓他深受同學羨慕，但近五年來營業力急遽下滑，加上幾年前被其他企業併購，組織徹底更弦易轍。

之所以如此，也是因為網路的普及使得許多服務出現變化，原本使用山本先生負責零件的硬體需求也減少了。因為硬體本身的銷售量銳減，所以再怎麼努力也徒勞無益，這就是山本先生的想法。

然而剛成為他新主管的董事卻認為，突破困境尋找出路是業務的使命。另一點更讓山本先生耿耿於懷的是，那位董事與他年齡相仿，僅僅大他一歲而已。山本先生心有不甘，認為明明自己畢業於一流大學，照理說應該比對方更有成就才對。

「他只需要出一張嘴當然很簡單，但我總不可能跟他說『你自己來做做看啊』。」

山本先生最初似乎並不想來身心科就診，不過四年前，他在循環系統內科被檢查出高血壓與狹心症後，便持續接受治療，最近因為失眠的狀況變嚴重了，才被轉介到身心科。

「我一到晚上就會胡思亂想，覺得很不甘心。」

山本先生的自我主張非常強烈，因為這個原因，在二十幾歲離婚以後，便一直過著單身的生活。他也很清楚自己這種凡事都要攤開來講的脾氣，但他也說：「我就是無法控制自己的嘴巴，還來不及思考就先脫口而出了。」

我建議他，「但是如果一味忍耐的話，也會在不知不覺間形成壓力吧？畢竟說清楚、講明白也是很重要的。想說話的時候，稍微吸一口氣，讓肩膀放鬆下來再開口，這樣語氣也會比較溫和。」

不過，在山本先生心中某個角落，似乎有一個「絕對不想改變想法」的部分。舉例而言，當他負責的商品被貼上「不需要」的標籤以後，他似乎會把那商品視為「無論如何都沒用的東西」，這會令他對於被指派負責這種「沒用商品」的自己感到憤怒，或是對於讓他置身在這種狀況下的主管感到憤怒。

頑強對抗已經改變的既定現實

即使我向他介紹呼吸法、建議他多親近大自然、多做伸展運動或出門散步，他還是一副「就算做了也不會立刻出現效果」的樣子。在自己主動就診的情況下，和經醫師轉介來就診的情況下，他對治療的積極度截然不同。由於他在循環系統內科已經固定服用許多藥物，因此也不太想再服用其他藥物了。

不想服用藥物，也不想活動身體，剩下的辦法就是轉換思考方式了，但這一點也很困難，我唯一能做到的，就是一邊引導他說話，一邊按部就班地與他討論一些注意事項。

但是經過一陣子之後，他與主管之間還是起了決定性的口角，「被人說沒用還要去上班，已經變成一件痛苦的事。他真的是一個既頑固又聽不進別人意見的人。」自此之後，山本先生就變得食慾不振，失眠的情況也惡化了。我看他憂鬱的症狀相當嚴重，便建議他最好稍微休息一陣子。在人資考核上，雖然他沒有明講，但從他支支吾吾說「不怎麼樣……」的反應看來，應該是跟他自己的期待有很大的落差。

「十五年前公司的氣氛明明不是這樣的，現在完全不比當年。以前才沒有什麼莫名其妙的人資考核，公司的氣氛也是和樂融融。」五年前公司剛合併時，還可以和同事「回家路上還可以去小酌一杯，一起聊聊天什麼的。」

養成自己配合環境、做出改變的彈性

山本先生最辛苦的地方是，身旁沒有可以對話的人。我問他：「沒有情況與你類似的同儕，或是從以前就一起工作的同事嗎？」他說大家都先後辭職，現在已經沒有這樣的人了。在公司也是一個人，在家裡也是一個人，這樣的他太過孤立無援。我試圖透過對話，幫助他尋找能夠稍微放鬆下來的事情，山本先生倒是有說自己喜歡看運動比賽，但是現在也沒時間看了。

我開立診斷書給他，建議他向公司請假一陣子進行治療。心理疲乏的時候，充分休息、改善環境、好好睡覺，是最基本的休養方式。不過即使暫時獲得改善，一旦重回相同的環境，在相同的體制下工作，遲早會再遇到同樣的問題。

我認為山本先生應該稍微讓想法更開放、更有彈性一些，最好可以改掉先入為主的思考習慣，試著去傾聽對方想說些什麼，但這種事情除非本人願意改變，否則看待事物的基本方式是不會變的。

這是一個瞬息萬變的時代，銷售的方法或群眾的喜好也會與時俱進。以往還行得通的個人作法將逐漸派不上用場。此時，變換看待事物的角度或將觸角擴及其他產業，在擁有個人做法的同時也要懂得逐步改變，這樣的彈性無論在克服壓力或商業場合上都是必須的。

成就愈高的人，適應力愈差？

至今日本僱用制度中根深蒂固的年功序列，如果沒有足夠的彈性去接受急速變化的事實，那麼壓力恐怕會愈來愈大。

身處其中的現代人，必須在擁有個人意見或做法之餘，也要懂得放低身段傾聽他人的意見。不過經驗已經累積到一定程度，而且自認為早就應該「站上任何人都沒資格指點自己的立場」的人，一旦出現幾乎與自己同齡，或更糟糕的，比自己更年輕的主管，然後對自己的工作指指點點，這樣不僅有損自尊心，更會讓人心生慍怒。我相信，山本先生的情況是因為無法順利適應而產生適應障礙，並且伴隨著憂鬱症狀一起出現。**從前愈是一帆風順的菁英人士，在被其他人指點的時候，愈容易心生不滿而無法接受狀況**。

「我會在休養期間好好想一想。」一度留職休息的他，復職後還是碰到同樣的狀況，與主管也相處不睦，最後便離職返鄉另謀高就。流通業與僱用模式在近十年來的急速變化，是造成壯年期男性適應障礙的主因。

處方 06

隨著急遽改變的時代，學習適應舒適圈外的世界，當內心感到疲乏之時，最好暫時遠離導致疲乏的原因（如案例中的職場），充分休息。

案例06

因為考績不理想而大受打擊，失去自信

已經很努力了，考績居然「未達期望」？

僱用模式的急速變化是對男性同胞造成壓力的一大主因。業績考核、評鑑、提交報告等愈來愈頻繁，**而且那些不是單純的數字而已，而是牽扯到情感面上的自尊心，因此才會成為壓力的主因。**

田口良雄先生（化名，四十幾歲）任職於食品相關產業，是一家中型企業的業務部職員。大學畢業後隨即進入現在的企業，服務將近十九年的時間。進公司以後，加薪幅度雖然不高，但也算穩定成長，可是自從雷曼兄弟事件爆發後，企業的業績每況愈下，人事費用縮減，新進員工數量受到控管，約聘員工愈來愈多。

雖然田口先生喜歡自家產品，但也不免產生危機意識。「我也努力這麼久了，而且剛好又晉升幹部，所以內心自然也覺得現階段是決定勝負的關鍵。」他已經成家，小孩也快滿三歲。出於家庭支柱的自負心，這幾年來他不斷逼迫自己努力完成出差等任務。

他的公司在那之前的業績考核，幾乎都維持在剛進公司時的水平。A、B、C三個評等中，幾乎所有人都是B等。所以以前的考評基本上不會對心理造成任何影響。不過自從公司開始刪減人事預算以後，與主管的面談、提交報告或自我評鑑的頻率開始增加，然後從一年半前開始，每半年就進行一次新制的業績考核，將意見回饋給員工。

隨著政權由民主黨轉交至自民黨手中，景氣據說將逐漸好轉，但田口先生任職的企業卻受到日幣貶值影響，進口原料成本高漲，經營上陷入挖東牆補西牆的苦戰。就在這個時候，一直以為自己已經很努力的田口先生，難以置信地發現公司給他的評價竟然是C。

新的考核制度分成S、A、B、C、D五個等級，評鑑標準如下：S代表卓越，值得效法；A代表無可挑剔、超越期待；B代表大致上符合期待；C代表有所不足、未達期望值；D則是與期待差距甚遠。田口先生原本以為自己應該有A，最差也不會低於B，因此他對於公司說他「未達期望」感到相當錯愕。詢問主管後，對方回答：「我知道你確實在出差等方面跑業務跑得很勤，但你跑得這麼勤，業績卻沒有相對成長，而且報告的狀況都大同小異，從客戶那裡取得的回饋分析也做得不夠。」所以這就是他被評為C等的原因。

追趕永遠達不到的標準

儘管內心沮喪，但田口先生認為自己已經算是振作得很快的人了。他心裡想著下次評鑑再努力一點，然後利用半年時間從客戶那裡收集多方意見，分類整理成報告書。在跑業務的時候，他也一直把提高業績這件事放在心上，因此最後也換來相當不錯的收益。他堅信這次評鑑一定會有A，沒想到卻再度被評為C。

「那一瞬間，我真的覺得腦袋一片空白，然後脖子以上開始發熱，身體已經沒有任何知覺了……。」

即使如此，他還是故作冷靜地再次向主管詢問理由，對方這次回答：「你的業績確實變好了，分析也做得很好，可是與其他同事的合作或與約聘員工的溝通方面，可能還需要加強。」

「我聽到答案的瞬間，心想『啊，沒什麼好說的了。』**無論我做了什麼，無論我再怎麼努力，到最後還是會被挑三揀四地否定掉啊！**在那之前，他們根本沒提過與其他同事合作之類的事。」

公司根據考核成績的C等，給他與去年一樣的年終獎金，田口先生已經失去幹勁了。對家人的解釋也是因為公司整體獲利減少，所以大家的獎金都很少，可是在說明的同時，內心仍不免感到失落。

「過去的努力變成一場笑話，讓我覺得自己實在可悲至極。」

從那時起，早上起床對田口先生而言就成了一件痛苦的事。他變得很淺眠，每天早上大約四點就會醒來。星期日就算想多睡一點，也會自動清醒，而且絲毫沒有精神飽滿的感覺，好像從早上起床開始就很疲倦。

以前他習慣在星期日帶孩子去購物中心採買下週的用品，但現在他只想懶洋洋地躲在棉被裡。雖然內心對太太感到過意不去，但他就是無法起床活動。

即使如此，每個星期一他還是會勉強自己去上班，並且又持續工作了半年。同事之中有人得了憂鬱症，「我心想，我絕對不要變成那樣。」於是他強迫自己做出表情，刻意表現得精神奕奕。正因如此，旁人都以為他很健康。不過實際上，由於他的狀況並不好，因此在工作上經常猶豫不決，很難做出「決定」。

在經常耽誤工作，又被認為敷衍了事的情況下，田口先生的評價愈來愈低，他對自己的信心也消失得無影無蹤。

就在此時，「這樣不行啊……」主管無意間脫口而出的一句感嘆，刺傷了他的心。主管的口吻並不嚴厲，與其說是對自己說的話，他感覺更像是主管不小心從口中流露出來的一句真心話。

那天晚上，他用智慧型手機瀏覽新聞，發現其中一篇列出了當年的年終獎金排行榜。第一名是醫藥品暨食品飲料製造商的大塚製藥，平均超過三百七十萬日圓（約新臺幣一百一十一萬元）。他胸口一緊，感覺像是被刺了一刀。那是他大學同學任職的公司，不甘心、丟臉與可悲的情緒充斥心頭。

這種淒慘的情境，他在家人面前難以啟齒。身為男人，他覺得如此脆弱又可悲的自己像是喪家犬。田口先生很想哭，卻如鯁在喉，無法作聲，他心想「撐不下去了……」，隔天便來到診所就診。

沒有目標的考核，會讓人失去自信

田口先生的心理疲勞程度已經瀕臨極度嚴重的狀態，不過如果光從他的表情來看，實在無法想像他有憂鬱的症狀。他的領帶打得整整齊齊，坐在椅子上姿勢也很端正，臉上隱約浮著一層汗水。

「天氣很熱吧？您可以脫掉外套沒關係。」

聽我這麼一說，他便露出鬆了一口氣的表情，「我是第一次來這種地方……。」

「您很不想來這種地方對吧？」話一說完，只見他微微點頭，表情緩和了下來。

田口先生原本對公司相當忠誠，同時也有強烈出人頭地的欲望。**他認為男人當然要以高**

收入和高職位為目標，那決定了自己的價值。他自己的父親也是如此，身為長男的他就是在這樣的教育下長大的。父親任職於一流企業，雖然現在已經退休了，但身為董事之一，也是打拚到最近才離開職場。每天早上不僅有專車接送，而且在他這個年紀，父親已經蓋了自己的房子。田口先生當初沒考上第一志願的大學，他覺得自己早已輸在起跑線。

即使如此，田口先生還是努力考進中堅企業，打算在那裡力求發展。最令他感到沮喪的是，對於自己的努力完全不被認可一事，他已喪失自尊心，**而問題就在於工作上的自尊心受損，讓他覺得自己毫無價值**。

這裡要提到兩個職場上的問題，一是人資考核為相對評價，從S到D共五個等級，每個等級的人數是固定的。關於這件事，田口先生也是事後才得知，S、A、B分配到的人數非常少。在相對評價的前提下，業績不上不下的人有可能被評為較低等級，這會讓員工失去動力，或是傷及員工的自尊心。

第二個問題是，員工明明已經設定好目標，也努力達到目標了，但主管無視於此，繼續丟出下一道課題卻不給予評價。我經常聽到商務人士喪失自尊心的案例，就是經歷了與田口先生一樣的狀況。業績考核或業績主義，在以往日本的制度中一向持平發展，這會兒突然出現新的制度，恐怕決定施行新制的人也應該要接受訓練才是。

致力於企業的全球教育等領域，並擔任國際會議同步口譯的Pathfinders Japan Ltd.總裁拉斯科夫斯基（Terumi Laskowsky）說：「在美國，僱用之初就會列出達成目標值與項目，並且提出相對的薪資，所以評價既清楚又明確。但是在日本，最初的階段並不會列出目標值，或是常常有不夠明確的情況。因為在不夠明確的狀態下受到評價，或是當中摻雜著情緒性的評價，所以也很常發生被評價者無法接受的狀況。」

相信田口先生的情況，就是因為他置身在自尊心受到傷害的環境中，而且又習慣把痛苦壓抑在心底，所以才會陷入憂鬱的狀態。

將工作表現和自我價值連結在一起

有一種理論是，自尊會隨著他人的評價或課題處理結果而變動，每個人的自尊會因為他在自己重視領域（例如學力、外表或業績）的成功體驗而上升，因為失敗體驗而下降。另一方面，自尊有兩種，一種是會隨周圍狀況變化的「狀態自尊」，另一種則是不會隨著成功或失敗上下起伏，也就是不會受到回饋所影響，而且是人類所持有的平均水準的自尊[5]。這種

5 Heatherton, T.F., & Polivy, J.（1991）. Development and Validation of a Scale for Measuring State Self-Esteem. Journal of Personality and Social Psychology. Vol 60, 895-910.

「不易受到狀況影響的自尊」又稱「特質自尊」，有報告顯示低特質自尊者，在解讀他人言行時，較容易出現否定的傾向。

田口先生對於工作有強烈的信念，如果是一個不在意工作評價的人，應該不會像他這樣有自尊受挫的感覺。雖然他是因為被人資考核傷及自尊心，內心才會陷入憂鬱，但也有可能是因為與父親的關係或考試失敗等原因，使得他原本就屬於低自尊的人，這一點從他持續努力創造成功體驗的表現即可窺知。因此當來自他人的評價，也就是他的心理支柱動搖時，心情就會瞬間跌入谷底。

不過他也表示，當他重新開始在內心檢視公司這套制度是相對評價等事實時，對於自己努力達成目標一事，也就是對於整段過程，他逐漸可以感覺到意義何在。

「但是我變得無法接受這間公司的制度或作法了。」

我建議田口先生，在完全脫離憂鬱狀態之前，不要做出任何重大的決定。不在憂鬱狀態下決定大事是不可動搖的鐵則。

「心理能量很低的時候，有可能會做出錯誤的決定。像離職或離婚等人生大事，最好恢復以後再做決定。」

田口先生決定留職停薪，多花一些時間待在家裡與家人相處，後來他的心態也從容了一些。「我現在覺得可以先堅持一陣子再做出決定，但是已經沒有堅持一定要待在這間公司了。我打算看看有沒有其他地方願意給我努力的機會，可能會去找大學的學長聊聊，雖然我們之前沒有太多互動。」

隨著終身僱用制走入歷史，公司的型態雖然改變，但勞動者的想法也變了。原本如此堅持「非這家公司不可」的田口先生，開始認為到其他地方發展也不錯，這樣的變化對企業而言，究竟是優點還是缺點呢？原本為了提振士氣才展開的業績考核，倘若執行不當，有可能會朝著意料之外的方向發展。如果不認可工作的過程，並依據明確的目標給予評價，也有可能會失去難得的優秀人才。

另一方面，對於容易將自尊建立在他人評價，尤其是工作場合評價上的男性而言，如果不能停止將自身的價值建立在他人的評價上，那麼可以確信的是，像田口先生這樣的案例恐怕會與日俱增。

處方 07

工作不等於一切，試著找回自身價值的真正意義，而不是建立在來自外界、他人的評價上。

案例07

連續半年每個月加班九十小時，卻不敢不做

約聘員工「不努力不行」的夢魘

男兒有淚不輕彈這句話，同樣適用在年輕一代身上。最近的年輕人雖然常被說不夠努力，但是怎麼會呢？才沒有這回事。努力是件好事，但千萬不能太過努力。有個努力過頭的年輕人，就是在這樣的生活之中，暗自希望「有個人來阻止我」。

連續半年每月加班超過九十小時的井上拓也先生（化名，二十幾歲），正在接受職醫[6]的長時間工作面談。之所以開始接受面談，也是因為職醫剛好檢查到他的工作體制，才得到進一步的安排。

雖然井上先生並沒有特別向公司的責任職醫提到任何身體的不適，但他在面談結束後，無意間脫口而出的一句「有種想揍人的衝動」，讓護理師非常在意，並建議他到外面的身心科去看看，所以他才會來身心科就診。

加班超過九十小時的工作體制，「每天的生活幾乎就像住在公司一樣，週末不加班的話一定做不完。」他說。至於行程為什麼會排得這麼緊湊呢？那是因為他同時負責三個專案的工作，那些工作全都來自別的部門，彼此又毫無交集，**所以各部門的負責人都不知道他肩上扛了多少分量的工作**。「每個部門在分配工作時，都以為我只負責他們的事情，所以三個專案卡在一起，實在令我束手無策。」

然而，他之所以默默攬下這麼多的工作，其實是有理由的。

「因為我是約聘員工。我怕要是我不努力的話，明年公司就不跟我簽約了……。」

他在與這家公司簽約前，原本是某IT相關企業的正職員工，因為工作太過繁忙、睡眠時間不夠，最後受不了才決定辭職。

「所以我已經忙慣了，沒問題的。況且我知道不管去到哪裡，辛苦的情況也都大同小異。我想每個地方都有人手不足的問題。」

這就是他這麼努力的原因。雖然他很習慣忙碌的生活，事前也有心理準備了，但有件事情他始終無法克服，那就是三組專案全都個別進行，各組負責人又經常在同一時間指派工作給他，讓他愈來愈難以招架。

6 原文為「産業医」，Occupational Health Physician，臺灣的正式名稱是職業醫生。

他沒辦法告訴對方說，我還有其他專案的工作。在當時的狀況下，對方才不管那些事情。井上先生說自己受不了那種孤獨感，而且有種被一年期契約逼迫的感覺。於是，我在他的同意下聯絡職醫，建議職醫安排他和有調整工作權限的三組專案負責人見面，好共商解決之道。

當時一臉卸下重擔表情的井上先生，在短短幾個月以後，便以一句「我已經沒事了」替診療畫下句點。

說明事實並不是「訴苦」

忙碌有很多種，有些純粹是工作日程拉得很長，但也有些是持續處理日常業務，而後者所造成的孤獨感或職場溝通等因素會影響到心理狀態。以約聘員工來說，他們沒有同伴可以共同解決問題，或是可以商量的對象有限，這些都會造成影響。井上先生一開始就診時，已經透過憂鬱症狀的檢查，發現問題嚴重到需要休養的程度。此時，若僅只是依循「憂鬱、休養、復職」的既定模式，**等他回到狀況相同的職場，重蹈先前的覆徹，恐怕又會再發生同樣的事**。

井上先生的第二個問題是，他對於沒有負責人或諮詢對象替他總括性地監督工作分量感到焦慮不安、進退兩難和孤立無援，而且他本身有不輕易表露內心痛苦的傾向，如果不改善這些問題，事情就無法解決。我把這件事搬出來和他討論。

「傳達狀況只是在傳達事實而已，這跟訴苦是不同的兩件事。你可以說：『別的專案有截止日期，我現在沒辦法立刻完成你們部門的事情，但是我會盡快在幾號之前完成，這樣可以嗎？』像這樣商量並不是一件壞事。」

「如果不明確地傳達訊息，讓對方了解狀況，一來對方不會知道，二來因為你沒解釋過，所以也有可能會被認為在偷懶。」

從今以後，相信井上先生應該能向委派工作的部門說明自己的狀況，或者懂得如何交涉。雖然大家都說現代年輕人交涉能力或溝通能力比較好，但一旦牽涉到自己的事情，他們似乎都很容易顧慮太多。不過他們總是會暗自希望有人出面阻止，並且在不經意間透露出隱約的跡象。

職場的溝通與健康風險

職場的氣氛或與同事、主管之間的溝通，是影響心理健康很重要的因素。

在從二〇一五年十二月起導入的厚生勞動省壓力檢查中，職業性簡易壓力調查表總共提出了五十七個建議項目。檢查方式是針對「和主管、同事可以輕鬆交談嗎？」、「遇到煩惱的時候，主管或同事值得依靠嗎？」、「商量私人問題時，主管或同事願意傾聽嗎？」等問題，從「完全不行」、「多少可以」、「還算可以」和「非常良好」等四種程度中進行勾選。

這是從職場的主管與同事的支援角度，來進行評估的職場環境標準之一。如果主管的支援很少，但同事之間的溝通良好，還是可以迴避掉一定程度的健康風險。反之，如果有主管的支援，但同事之間溝通不良，同樣可以迴避健康風險。最危險的就是主管和同事的支援都很少，而且還溝通不良的話，健康風險就會變高。

具體而言，主管不願傾聽部屬的意見，部屬之間也會互相扯後腿的話，這種就可以說是最糟糕、健康風險最高的職場。另一方面，如果主管屬於唯我獨尊的強人作風，但部屬之間溝通良好，彼此可以互相支援，共同克服困難的話，健康風險也是可以迴避的。重要的是縱向與橫向溝通可以暢通到何種程度。

以井上先生的情況來說，他一方面對主管「不好講話」，再加上他是約聘員工，沒有堪稱同事的對象，而且他又把其他部門那些負責人視為「外人」而非「同伴」，所以才會產生如此強烈的孤立感。

支持的重點並不在於實際獲得業務上的幫助，而是如同前文的檢查問題中所述，「**能否輕鬆交談**」、「**遇到煩惱時，能否傳達自己的困擾**」等等。如果你在職場上有自己的部屬，你就必須了解身為主管應盡的職責，也就是表現出「遇到困難時，我隨時願意伸出援手」的風範。

這四種壓力徵兆，絕對要注意！

井上先生有幸恢復健康，是因為醫務室的護理師剛好注意到他無意間說出口的一句話，並且主動給予建議。

但他的主管或周圍的人，為什麼完全沒注意到他的高壓狀態，或是根本無意留心這種事呢？或許是因為他們在心理上把井上先生視為外人。心理發出的求救訊號有四大類型，第一類是**情緒徵兆**，例如焦躁易怒、充滿攻擊性、孤獨感、情緒低落或缺乏動力等等。

第二類是**身體的徵兆**，包括食慾不振、暴飲暴食、睡眠障礙、肩膀僵硬、耳鳴目眩或頭痛等等。第三類是**行為徵兆**，身為主管的人務必留意這個部分，包括工作效率變慢、遲到情形增加、失誤愈來愈頻繁、工作上猶豫不決，或開始不在意儀容等等。很多時候，這並不是他們在偷懶，而是憂鬱症在作祟。

第四類是**表情徵兆**，這個部分也請務必留意，像是沒有笑容、表情僵硬、臉上好像戴了一層面具等等。

這些徵兆可以說是反映出心理疲勞的求救訊號。當你覺得某人狀態不太對勁時，請開口關心一下對方吧。問問對方「最近怎麼樣？」或「工作還順利嗎？」甚至可以一起喝杯茶、聊聊天。**開口關心對方的舉動，本身就是一種很大的精神支持了。**

處方 08

當工作超出負荷時，與其悶頭猛做，不如先讓對方了解自己的實際狀況，讓彼此有機會重新調整。

02

COLUMN

約聘員工的不安因素：待遇、階級差距、穩定工作的社會壓力

九州大學副教授錦谷真理子博士是我的研究夥伴，除了我的專案，她也同時在進行另一項關於非正式僱用者健康狀態的調查。其中一項就是正職研究員（定年制研究員）與非正職研究員（任期制研究員）健康狀態的比較調查。[7]

就算福利相同，約聘人員還是容易感到不安

根據這項調查顯示，相較於男性的定年制研究員，任期制研究員對工作的要求度雖高，但控制度也高，因此壓力指標並無差異；反觀女性研究員，在任期制研究者之中，自覺社會支持程度較低的人，回答精神處於憂鬱狀態的比例顯著較高。

7 （財）労働科学研究所出版部《雇用形態による健康状況比較の実証研究》，第一五二～一七三頁。

另外，觀察職場健康管理的利用情形可知，男性任期制研究員「因心理健康因素就診」的比例很高。此外，女性雖未達顯著差異的程度，但還是呈現出較高的傾向。

換言之，研究員這種專門職業，與一般情況下的非正式僱用不同，定年制研究員與任期制研究員雖然在學歷、薪酬體系或待遇面上並無重大差異，但還是必須留意到很多人因心理健康因素就診的事實。此外，由此也可預見，工作控制度或社會支持不足，也會提高心理健康層面的風險。

即使僱用期間較短，待遇面無重大差異、維持一定的控制度、提供充分的支援，是非正式僱用者維持心理健康的必要條件，然而一般企業的非正式僱用與持有專門證照的研究員不同，無論在待遇面上、工作的控制度上，或者是社會支持面上，都存在著階層差距，這會導致非正式僱用者的健康狀態惡化。

來自傳統「男人就該有份正職」的壓力

根據錦谷博士在二〇一二年發表的調查顯示，二〇〇〇年代非正式僱用者的健康指標雖低，但惡化的趨勢反而出現在正式僱用者身上，由此可知階層差距同時導致正式與非正式員工，也就是全體僱用者的健康狀態惡化。[8]

這種全體男性勞動者的健康狀態在二〇〇〇年代惡化的現象，或許跟我在診療第一線感受到的「好像有什麼事情跟以前不同」的感覺是息息相關的。按照錦谷博士的說法，非正式僱用原本是以女性為中心發展出來的僱用型態，是因為企業方「彈性僱用」的考量與就業方「貼補家用」考量不謀而合才發展出來的。

在七成的非正式僱用為女性的狀況下，再加上「男性應正式僱用」的傳統思維，可以想見的是，「明明是男性卻非正式僱用」的想法，將會增加男性非正式僱用者的負擔。

收入與保障矮人一截

另一方面，如果正式與非正式職員身處在同樣的職場，工作待遇的差異卻讓人感覺有階層差距的話，還有一點不能忽略的是，「階層差距感」將會與「階層差距」這種物質面的壓力因素，一併形成心理面的壓力因素。

在無法得到加薪、獎金、禮金等正式員工待遇的立場下，非正式員工的想

8 Social Science & Medicine 75. 439-451, 2012.

法與對將來的不安會形成嚴重的壓力。如果大家都差不多窮的話還可以接受，但如果只有自己窮的話，這種情況就會變成一種壓力。

在薪酬面的階層差距難以弭平的情況下，企業必須在工作控制度或支持面上投入更多努力，研擬因應對策刻不容緩。

Chapter 3

職場人際——
主管與部屬間的棘手關係

案例08

工作常被刁難，懷疑自我價值與存在的必要

鼓勵人人都要「無感」的社會

二〇〇七年，渡邊淳一的散文集《遲鈍力》[9]登上暢銷書排行榜。當時，政治家或企業經營者異口同聲地推崇：「『遲鈍力』是很好的必備特質。」

我非常反對這個觀念，三不五時在自己的連載專欄上呼籲「遲鈍力很危險」，但我的資訊傳播力有限，只記得當時的意見完全被忽略。在演講場合談論有關壓力的主題時，總會遇見一手夾著菸的男性，笑著說：「哎呀，因為我這個人很遲鈍吧?!」隱藏在那些笑容背後的，是晉升人生勝利組的自負與自信，還有對於弱者的隱約優越感。

渡邊淳一曾在訪談時說過一段話（二〇〇七年三月，《日經BUSINESS ONLINE》），那段話的要旨如下：

「遲鈍」一詞往往給人負面的印象，但我認為自己在任何時候，都會毫不退縮地積極面對事物。工作的時候，我希望做到盡善盡美、毫無缺失。可是想要做到最完美，壓力勢必會增加。身體也一樣，遲鈍一點比較好。這樣才能什麼都吃，就算吃進髒東西也不會輕易就吃壞肚子。身體太敏感的話，就會變成像過敏症等不健康的狀態。花粉症就是一個很好的例子。遲鈍的話，也不會出現過敏反應。遲鈍於身於心都是很好的特質。

這是一段缺乏邏輯的言論，有很多混淆不清或避重就輕之處。但我希望大家意識到一項事實，就是在現代的商業社會裡，敏感、易感被視為一種脆弱的象徵。

你呢？當有人說你「真是一個敏感的人」時，心裡會有種不舒服的感覺，認為自己被嘲笑了嗎？雖然對女性而言，「真是一個敏感的人」這句話也有可能是讚美，但是對男性而言卻隱含著脆弱之意，也就等於是一種侮蔑。對旁人的意見或情緒變遲鈍，就是把感受器蓋上蓋子、封印起來。如果一直處於不去感受的狀態，久而久之就會愈來愈無感。為了不去感受，而替自己的心穿上盔甲。一旦打開心房就很容易受傷。**為了避免受傷，只好緊閉心靈，把心武裝得很強大**。這可能是男性同胞生存在現代社會的必要條件。

9 「鈍感力」，集英社文庫，二〇一〇年。

如果男性認為對事物無感與堅強，是在社會中晉升勝利組的條件，那實在令人不勝唏噓。因為很多人為了麻痺自己，開始沉迷於香菸、酒精、賭博或年輕女性等各種分散注意力的標的上，甚至變成工作狂、不斷在職場上向上攀升，卻因為無法繼續保持堅強與遲鈍力而跌倒。

很多女性會說：「我受傷了。」但基本上我不曾見過男性說：「我受傷了。」或許是因為如果不忽視傷痛繼續前進，他們就無法生存下去吧。那麼纖細易感的男性，難道就不可能在現代商業社會擁有立足之地嗎？

常把職場氣氛弄糟的主管

岡田政先生（化名，四十幾歲）在媒體相關企業中擔任副部長。現在隸屬於活動部門，但他兩年前才被調來這個部門，在那之前他都在同公司的總務部門服務。工作內容與從前大不相同，與外部的合作也多，環境的變化造成他身體不適，請假休息約六個月後才重回工作崗位。

在工作內容方面，他也習慣了與外部的交涉，就在他覺得工作對能力的精進有幫助時，一場人事異動後，公司調來了一位新部長。這位部長只要有任何一點小事不合自己的心意，就會心情不好。部門的氣氛也隱約改變了。新任部長尤其喜歡遷怒在岡田先生身上。接下來的幾個月，岡田先生始終找不到自己被遷怒的理由。

最讓他困惑的是，有一次他稍微遲交了一份文件，對方竟說：「你真的痊癒了嗎？」他直覺認為對方指的是先前請假休養的事。他很久以前就提出復職文件和診斷書了，後來也照常處理一般的業務。他嘴巴上回答對方：「我已經沒事了。」心裡卻很不舒服。最後部長看著他的表情說：「你再去請主治醫師幫你診察一次，要求他開立診斷書，證明你現在的狀態是可以工作的，不然我不曉得我可以指派多少工作給你。」

岡田先生清楚知道自己現在的狀態已經和以前陷入憂鬱狀態的時候不同了。不過他認為就算澄清自己沒事，部長應該也聽不進去。申請診斷書雖然麻煩，但他覺得只要提出診斷書就可以解決問題，便調適好心情，前往以前接受治療的醫院。然而當時治療他的主治醫師已經調到地方醫院，不在那裡服務了。重新接受診療雖然要花一段時間，但放棄掙扎的他，決定再次接受診療，並在取得證明他可以工作的診斷書後，遞交給部長。

部長是個喜怒無常的人，動不動就愛遷怒別人，岡田先生覺得自己被當作遷怒的對象了。他雖然有能力完成工作內容，卻沒有自信繼續待在新任部長底下做事，每天見到部長也很痛苦。現階段還勉強應付得來，但他覺得自己已經努力到極限了。**被部長討厭的念頭漸漸讓他感到不自在，同時也陷入自認毫無價值的痛苦深淵中。**他說他覺得再這樣下去，之後一定會崩潰。話雖如此，他現在還勉強睡得著，飲食也一切正常，在家吃晚餐也會覺得食物很美味；就算去了醫院，醫生應該也只會問：「你為什麼要來啊？」

害怕失業的恐懼，大過眼前的壓力

我和岡田先生的相遇，就是發生在這樣的時間點。他大學時期的劍道社朋友請我當他的諮詢對象，於是我便請他每個月來診所一趟。我聽完診斷書的事情以後嚇了一跳，但除此之外，他似乎每天都會發生一些讓他覺得「如鯁在喉的事」。只是關於那位主管的具體行為，他只跟我說過其中一件而已。

岡田先生本人似乎有個原則，就是「不抱怨」；至於他唯一跟我分享過的事，詳細情況是這樣的。

那時正值六月酷暑，公司為了節能減碳，貼出「清涼便裝」的公告。岡田先生本來就喜歡穿西裝打領帶，而且他也很習慣那樣穿了，再加上他不需要到外面跑業務，因此他辦公時總是繫著領帶。有一次，部長大步朝他走來，站定在他的辦公桌旁，然後說：「喂，岡田，你那身打扮是故意在諷刺我嗎？」

「我一開始還一頭霧水，不曉得他在說些什麼。他因為公司推行『清涼便裝』，所以沒打領帶，還穿著短袖襯衫。等我會意過來時，他已經轉身走回自己的辦公桌了。」

岡田無奈地笑了笑，接著又說：「我不僅感到心煩意亂，也有種抓不到他節奏的感覺。」

從談話中聽來，他們的節奏微妙地錯開了，有種搭不上的感覺。岡田先生並不擅長配合別人抓準時機打圓場，也不是會逢迎拍馬的個性。製作報告或檢查錯誤時也會仔細閱讀，先思考過有沒有問題才採取行動。相反地，部長個性急躁，面對事物重視的是速度，是想到什麼就立刻去做的行動派。

「他好像覺得我動作慢吞吞、反應又遲鈍、做事不知變通，所以指派給我的工作就愈來愈少了……。」

岡田先生以前陷入憂鬱，是因為承擔太多的責任才會造成適應障礙，但知道實情的部長，卻指派他負責一些雞毛蒜皮的工作，不再讓他負責重要的業務。久而久之，上班很痛苦的念頭便一直在他心中打轉。

他認為自己可以承擔更多工作，也明確向部長傳達了他的意志，結果對方似乎只是付之一笑。雖然他並沒有告訴我細節，卻支支吾吾地表示：「我一想到以後都要在同一個地方像現在這樣工作，我就覺得……。」

「但是生活本來就不容易啊……。辭職的話就無法維持生計，而我工作也是為了填飽肚皮，可是如果要我把人生中大部分的時間都消耗在這裡，多少還是會有點遲疑吧？」

我認為有很多男性都有這樣的念頭，**因為要維持家計，所以有「絕對不能辭職」的壓力**。岡田先生的太太有一份全職的工作，兩人也沒有小孩。如果連太太有工作的人都有這麼大的壓力，不難想見太太沒工作的男性壓力有多大了。不過，雖然岡田先生有一早起床鬱鬱寡歡和早醒的症狀，但他並未特別服藥就克服了這些問題。

感情纖細的人，容易感受到他人情緒

「不瞞您說，我開始養魚了。」

岡田先生提起他養了鬥魚的事，那是我第一次聽到鬥魚這種魚類。這種魚的原產地是泰國，人們會讓鬥魚互鬥來比賽輸贏。據說鬥魚生性好鬥，所以不能把兩隻鬥魚放在同一個魚缸裡，牠們會表現出攻擊性，而且立刻開始威嚇對手。我感到很詫異，不明白他為什麼要養那種魚。

「我跟太太一起去逛廟會，她說想撈金魚，我說：『反正妳也撈不到。』沒想到她最後竟然撈到了十隻。」

他們把金魚帶回家，倒進一個小盆子裡，後來覺得難得有這麼多魚，不如買一個魚缸吧，於是就上網訂購了一個十九公升的魚缸。沒想到幾天以後，魚缸還沒送到，金魚就全部死光了。

「我看著空無一物的大魚缸，莫名覺得有點空虛。」

他心想，這一次養強壯一點的魚吧！然後他想起以前看過的一部電影，因此便養起了鬥魚（Rumble Fish）。

「雖然只是一條魚，但牠很會認人！」

岡田先生輕輕微笑，然後向我描述鬥魚認出他太太時如何甩動尾鰭，像跳舞一般激烈擺動身體的模樣。

「就算內人改變髮型或在臉上敷面膜，牠還是認得出來，而且還會跳起來喔！明明看到我回到家牠都沒這麼高興……。」

顯示在手機螢幕上的那條魚，有一條美麗的藍色長尾鰭。

「不過我也覺得牠被關在十九公升的世界裡，唯一的對外連結就只有我們，說真的實在很可憐。」

岡田先生在提到「內人」時，臉上隱約閃過一抹羞澀的表情，讓我感覺到他們夫妻之間的關係應該維持得不錯，「職場雖然折騰，但家裡的氣氛好像還不錯嘛?!」

岡田先生點了點頭。他不僅養魚，而且還能跟魚溝通，可說是站在遲鈍力的另一個極端。可以想見的是，他對主管故意找碴或遷怒等行為，應該也很敏感，更何況他也從來不說主管的壞話或發牢騷。

藉由與多方面的「連結」而獲得恢復的力量

不過，岡田先生之所以能在多重壓力源下取得平衡，都得歸功於家裡的太太、鬥魚和與社群網路上的同好之間的交流。即使內心因為壓力源而受傷，但只要復原力夠強，壓力就不容易累積。

復原力的原動力有幾項要素，其中之一就是「連結」。連結亦稱作社會資本，舉凡與地方上的連結、與鄰居的連結，或是社群網路所提供的連結，都屬於這個範疇。連結如何在心理復原力上發揮重要作用，後文會有更詳細的說明，至於岡田先生的連結，則是來自他擅長的語文能力，使他能夠跟美國、英國甚至俄羅斯等各種文化圈的人交流有關魚的話題。

「跟大家聊各種關於魚的話題，實在是一件很開心的事。」

岡田先生的職場環境並沒有改變，但他的身體狀況不但沒惡化，反而有種愈來愈從容自在的感覺。他剛開始來診所的時候，還會說：「工作上不管是質或量都被指派一些無關緊要的事情，我不曉得自己為什麼要來上班。」但後來這樣的話也逐漸減少了。雖然主管聽說還是同一個人，但他已經能夠從容地說出：「遷怒別人的人，應該也不好過吧？」這種反過來站在主管角度的感想。

後來有一天，岡田先生的模樣看起來有些無精打采。我問他是不是在工作上遇到什麼事，他含糊其詞地表示：「沒有，職場上並沒發生什麼……。」當我正在猜想，該不會是家裡出了什麼狀況時，他開口了，「其實是〇〇死了……」〇〇是那條鬥魚的名字。「因為只不過是一條魚，所以我也不太好意思跟別人說……」

岡田先生面露苦笑。因為我知道那是他多麼重要的朋友，所以反而不知道該說些什麼才好。過了一會兒以後，我才想到我認識的一位美國諮商師曾說過，「當我們無能為力的時候，最好的辦法就是一起祈禱。」

我和岡田先生一起祈禱了一分鐘左右，他說了聲謝謝以後便離開了，但我仔細想想，雖然以前曾經為去世的人祈禱過幾次，但這還是我第一次為去世的魚祈禱。這種事情，如果換作是遲鈍力很強的客戶，絕對會嗤之以鼻吧？

一般而言，支援可分成四種類型，詳細內容會在後面〈專欄3〉的部分深入介紹，而四種類型包括直接支援、資訊支援、同理支援與期待援助式支援。遲鈍力強的人通常只認為前兩種才算是支援，纖細的人透過同理支援也能提高復原力。

一年過後，岡田先生在診療的最後，這樣告訴我。

「我覺得我已經好得差不多了。這一年來能跟醫生這樣談話真的很開心，但我想，我已經沒事了。」

他說他正在協助一名生病康復後重回職場的同事。在協助對方的過程中，內心不由得湧起一股「啊，我已經沒事了」的想法。**從自己內心深處湧現這種「沒事了」的感覺是很重要的，不是那種隨口說說的「沒事」**。如果你曾經在感冒等待恢復的期間，發自內心體驗到「啊，身體逐漸好轉」，相信你一定能夠理解這種感覺。遲鈍力強的人或許無法理解，但這種感覺確實會帶領人邁向痊癒。

「如果有什麼狀況的話，我會再來就診的。」說完後，岡田先生便離開了診療室。

不久之後，岡田先生聯絡我，之前那位主管因為身體不適而停職，所以他現在換了一個新的主管，並表示之後的工作應該會稍微順利一點。我剛好正在撰寫本書，便順勢問他能否讓我在書中分享鬥魚的故事，岡田先生爽快地答應了。據說到現在，那個魚缸還是空的。

冷靜分辨「氣話」和「事實」的差別

當直屬主管有平步青雲的經驗，而且屬於想要控制部屬的類型時，他看的不只是工作的成果或結果，連工作的進行方式跟他的做法不同，同樣也會被挑三揀四；或者是遇到情緒化的主管，一旦被他貼上「沒用」的標籤，日後可能再也無法翻身，只能持續忍受職場上那令人不自在的感覺。

一天至少八小時，也就是一天的三分之一，都在不自在的惡劣環境中度過，是一件相當痛苦的事，也會是造成壓力的主因。

詢問身心科患者的職場煩惱，儘管實際的業務負擔也是其中之一，但很多人都對自己與直屬主管間的關係感到痛苦。如果你跟你的主管處得不好，被他貼標籤，每天過著動不動就被挑剔的日子，此時最重要的事情就是「**保護好自己的尊嚴**」。

如果成天都待在被人說「沒用」的環境裡，也會漸漸開始懷疑自己是不是真的沒用，並且一天比一天失去自信。防止這種事情發生，對於維持心理健康是很重要的。如果因為「沒來由地看不順眼」這種情緒化的理由被人討厭，那麼即使努力討好對方也沒有效果，因此在這種情況下，就別再刻意討對方歡心了。

話雖如此，我們也不必主動建立敵對關係。首先該做的就是，在職場上走路抬頭挺胸、遇見任何人都要好好打招呼、聲音不要含在嘴巴裡、隨時保持端正的姿勢等，**讓身體呈現出「能夠保持自信與尊嚴」的體態**。想要保護身體不被貼上毫無根據的不當標籤，第一步就應該從借用「身體」的力量開始。

第二件該做的事情是區分「情緒」與「事實」。我希望你分析主管說的話。在他的發言中，有幾成是「情緒」，有幾成是「事實」呢？當對方提出與業務有關的批評時，**情緒性的發言一律丟進內心的垃圾桶**。

舉例而言，當主管說「你怎麼什麼都做不好」的時候，具體來說你還是有成功完成的業務，因此「什麼都做不好」這句話，就是「不符合事實的情緒性發言」。

換句話說，你應該在心裡冷靜地分析現狀：這個人現在很情緒化，他氣得完全忽略事實，一味把毫無根據的標籤貼在我身上。當你愈是保持冷靜的態度，對方或許愈會感到氣憤難平，因為他期待自己的發言能讓部屬感到灰心喪氣，但你的表現卻出乎他的意料。

不過，你千萬不能在此時退縮。區分對方發言中的「情緒」與「事實」，對你的將來和心理健康是不可或缺的。因為假如評論中包含業務實際上不合格的「事實」時，改善那些缺點，然後把工作做到盡善盡美，對於你的職業是有幫助的。至於對對方「情緒」性的發言左耳進右耳出，則是保護自己內心不被對方情緒綁架的修行。

「有特色」的你，沒有對不起誰！

無論在哪個行業或從事哪種工作，都會有人沒來由地否定或討厭自己。不會被貼標籤的人，通常都是好好先生或好好小姐，**稍微有一點個性或特徵的人，很多都是因為那樣的特質**

才被視為「看不順眼的傢伙」。那些標籤大多都來自「嫉妒」。嫉妒部屬擁有自己真心渴望的東西，比方說學歷、留學經驗、良好的家庭背景、妻子是資產家或名人、父母是資產家、擅長運動、個子高又受女性歡迎、高爾夫球打得好、精通外語……連這些事情，都有可能成為「看不順眼」的理由。

曾經有一名主管故意挖苦假日出席公司活動的年輕員工說：「你最近剛結婚，應該很想早點回家吧？」年輕員工聽了以後感到意志消沉，但自從他學會區分情緒與事實後，他說他覺得自己的內心愈來愈從容自在了。

保護自己不被冷漠態度傷害的想像訓練

相較於前面所說「看不順眼」的標籤，會以各種形式顯現出來動搖人心，言論可以透過區分情緒與事實的方式加以應對，但無形的標籤卻會默默地造成心理被焦慮感所侵襲。

在會議或集會場合不注視你的眼睛、不看你的臉、不打算跟你說話，也就是無視於你的存在。當你遭遇到這樣對待，彷彿自己根本不在現場時，你會對自己的存在感到動搖。對於這方面的應變之道，我也擁有豐富的經驗，面對這種狀況時，也需要借助「身體」的力量。

端正姿勢，安靜地調整呼吸，嘴唇微張至不致於引人注目的程度，緩緩地小口小口吐氣，然後吸氣。一邊深呼吸，一邊感受氣氣隨著吸進體內的空氣蔓延至全身。感覺自己的腳底正穩穩地踏在地面上，想像你的周圍出現一層保護罩，那些充滿惡意的箭矢無法刺傷你，一靠近保護罩就會被彈開，如此一來，心情就會輕鬆許多。

想像這件事對於「懂得如何發揮想像力」的人來說，是克服壓力的一大幫助。美國精神科醫師傑羅德・詹保斯基博士（Dr. Gerald Jampolsky）曾經介紹過一則案例，該案例中有一名男性主管和一名被貼上「看不順眼」標籤的女性部屬，她經常被主管刁難。

每次在公司的走廊上遇到主管，對方總是對她的問候不理不睬，因此她想知道自己該如何是好，詹保斯基博士便教她進行想像訓練。把她心目中那個被放大成大人物的主管，想像成無理取鬧的小孩子，想像成對任何事情都嘰嘰咕咕念個不停的問題兒童，並且在心中安撫他「乖乖喔～」。然後在走廊上擦身而過時，養成在內心大聲對他說「你好」的習慣。久而久之，主管在她心中就逐漸從巨大的怪物，變成無理取鬧、愛抱怨的小孩子了。

幾個月後，那位女性部屬不敢置信地向博士報告，說那位曾經那麼愛刁難她的主管，竟然對身穿藍色洋裝的她說：「那個藍色還蠻好看的。」

即使未透過語言表達，訊息還是會透過身體傳達出去。無論是敵意或善意，都會透過身體顯現出來。即使對方向你射出敵意的箭，只要把主管想成是因為來自上頭的壓力，或為了晉升而急得跳腳的小孩子，然後安撫他：「乖乖喔。」並且在心中對他說：「你現在很焦慮吧？」如此一來，至少可以保護自己的內心不受對方的情緒影響。

「頭上有一顆橘子」是某位美國諮商師教我的，在自己的頭上放一顆橘子，然後想像自己的眼睛移動到橘子上，從那個角度看待事物，一切就會變得截然不同。擁有這樣的想像力，對於不受對方情緒影響大有幫助。

唯有一點要注意的是，千萬不能想像自己傷害或攻擊對方。這種否定式的想像雖然會讓你暫時感到痛快，卻會污染自己的心靈，讓自己與對方的關係更加惡化。因為對方也會感覺到你心中的攻擊性，進而加強攻擊的力道。

面對惡意不能用惡意去反擊，想像力只能從正面的角度去發揮，這將幫助我們保持內心的正向。

處方 09

冷靜分辨出氣話，能避免易感的自己受到影響；把對方想像成暴躁易怒的孩子，就能展現出輕鬆自信的態度。

03

COLUMN

認識常被忽略的「無形支援」

接下來，我想深入介紹四種支援的類型。請問各位聽到「支援」一詞，內心會浮現什麼樣的畫面呢？將物資或人力送往受災地區的支援，舉凡醫療支援或自衛隊派遣等都屬於此類，這就是直接支援。不過支援並不是只有這些而已，我們用日常生活的案例來思考看看。

四種類型的支援：直接、資訊、同理、期待

北海道醫療大學的坂野雄二教授，曾在研討會上發表過這樣一段演說：

你因公造訪一處從未去過的地方，到了該吃午餐的時候，才發現錢包裡竟然沒有半毛錢。你向路人說：「我忘記帶錢了，請借我錢。」對方也借給你了（雖然這種事情基本上是不會發生的），**這樣直接幫你解決問題，就是直接支援**。

假如路人告訴你說：「抱歉，我沒辦法借錢給陌生人，不過前面那邊有便

利商店喔。你有帶錢包吧？有帶提款卡的話，你要不要直接去ATM提款比較好呢？」**告訴你有用的消息，這也是一種辦法，這就是資訊支援。**

假如路人不肯借你錢，也不告訴你任何資訊，但他對你說：「哎呀，真是太糟糕了，你一定很困擾吧？我也曾經忘記帶錢出門，那時候我超級慌張的。」**這種支援也會讓人內心獲得安撫，不由得鬆一口氣，也就是同理支援。**

那麼假設錢包裡不僅沒有現金，這塊陌生的土地上也沒有路人，這時你腦海中倏地浮現朋友的臉。

「對了，打電話給他吧！打通電話過去，說不定他會給我什麼不錯的建議。」你感覺心情明朗許多，好像看見一線曙光。在這種情況下，朋友既不在你身邊，也無法給你直接支援，但是「只要問他一定會有辦法」、「找他就沒問題了」或「有人會幫我」等想法，**會為你的內心帶來一絲光明，這種時候，朋友提供的就是「期待援助式」的支援。**心理上覺得「有他在」或「他應該會幫我」等想法，就是一種強而有力的支援。

開口關心的這份心意，就是「支援」

雖然這純粹是我個人的體驗，但大部分男性一提到「支援」，似乎普遍都認為直接支援才算是支援。舉例而言，每次我在演講場合談論有關心理照護的主題，參加者幾乎清一色都是女性，男性好像認為光聽演講根本算不上什麼照護。他們認為眼睛看得見的「實物」支援才是支援，**卻沒發現互相分享心情也是一種強而有力的支援**。「就算有人碰到困擾的事情，我也無能為力。」會說出這種話的大部分都是男性。

我再重申一次，所謂的支援不只是「做些什麼」而已。小時候身體不舒服時，你曾因為母親在身旁幫你擦拭身體或握住你的手而感到鬆一口氣嗎？就是這種感覺。

如果有同事、部屬或朋友碰到困擾，傾聽對方的問題，想像對方的心情或困境，說句「原來如此，真是辛苦你了」來分擔他的痛苦，這就是一種強而有力的支援。纖細的人所擁有的「易感」特質，儘管容易讓自己受傷，但也能夠成為感受並接收溫暖心意的力量。周遭有可以共同分享心情的夥伴，對纖細的人而言可以說是一大壓力支援。此外，**擁有一個讓人覺得「他會站在我這邊」的值得信賴的對象，也是克服壓力的關鍵**。這應該是遲鈍力強的人無法體會的支援。

如果你一向認為有形的東西才能算是支援的話，我希望你試著站在為課業煩惱的孩子，或為鄰里往來感到焦慮的太太的立場上，想像一下他們的心情，然後對他們說聲：「哎呀，真是辛苦了。」對方一開始可能會嚇一跳，但只要持之以恆，相信這樣不僅能安撫對方的情緒，你也會發現自己的內心逐漸出現一股以往從沒注意到的暖流。

好主管懂得打造良好的工作氣氛

❶打招呼是溝通的第一步

職場環境如何，在踏入公司的那一刻就可以清楚分辨了，判斷的標準就是「問候」。早上同事之間會不會互道「早安」？在走廊上擦身而過時會不會以眼神相互致意或面帶笑容說聲「辛苦了」？這些都可以反映出職場環境的好壞。

不同部門有不同的氣氛，如果有個工作環境讓人覺得「真不想進這個部門」的話，那大部分都是溝通不良的部門。由於溝通不良會提高健康風險，因此如果想要提高職場的生產力，除了確認業務內容之外，還必須檢查職場的溝通狀況。至於把「溝通困難」的氣氛變成「溝通良好」的氣氛，則是身為主管應盡的職責。

具體而言，首先該做的就是主動大方地打招呼。「早安」或「辛苦了」是理所當然的，偶爾也可以關心地問一句「工作還順利嗎？」部屬無法對主管開口，但主管的問候對部屬而言卻是一種激勵，工作場所整體的氣氛就是從這種小地方開始改變的。

❷就算結果不佳，一定要稱讚過程

其次，評鑑部屬的「工作過程」很重要。即使有很多工作，努力了卻沒得到結果，仍然要把部屬努力的過程看在眼裡，並採取認可過程的態度，告訴他：「你做得很好，雖然結果很可惜。」如此一來，部屬才能朝下一步邁進，而不是感到灰心喪氣。待在一個只注重結果而不看過程的主管底下做事，部屬是不可能成長的。

努力與報酬的平衡是維持心理健康不可或缺的條件，但必須注意的是，當員工努力卻沒得到結果時，主管應該如何安撫員工的心情。得不到肯定又無法提高收入時，內心會產生徒勞的感覺。如果這時主管又只看結果就判斷員工是「沒用的傢伙」，很多時候還用冷漠的鄙視態度對待員工，連一句「你辛苦了」也沒有的話，這時部屬就會喪失工作的動力。

即使無法肯定結果，也要懂得肯定工作的過程，能否像這樣冷靜判斷部屬的工作情形，是主管必備的能力。那些只看結果而無法判斷過程，容易感情用事的主管，部屬也會冷靜地看在眼裡，並且反過來評斷主管是「不值得追隨的壞主管」。

❸不讓自己的心情影響團隊

如前所述，主管必須對職場的氣氛與環境負起責任。如果一早上班就從專用座車上下來，接受司機的點頭哈腰，這種態度會成為工作環境不佳的原因。主管表現得開朗又愉快，部屬看了心情也好。人會被對方的表情影響，並且還給對方同樣的表情。主管若面帶微笑地步入職場，他的表情將感染部屬，對部屬之間的溝通也有幫助。

曾任教於哈佛大學醫學院的尼可拉斯・克里斯塔基斯（Nicholas A. Christakis）教授，現在雖已轉任其他大學，但他任教於哈佛大學期間曾發表一篇論文，指出人處於憂鬱狀態時，他的心情會影響周圍的氣氛，而心情好的人，情緒也會傳達到周圍。[10] 因為主管的心情對職場有重大的影響力，所以早上進辦公室和傍晚離開時，避免露出不開心的表情是很重要的。

下一件必要的事情，是隨時讓自己的心態保持客觀與冷靜。無法做到這一點的主管，尤其又以中間管理職最為常見。其中最令人在意的，就是前文也提到過的「貼標籤」和「一般化」所造成的視野狹隘。

所謂的「一般化」就是因為一次的失敗或失誤，便斷定「這個部屬不適合這個領域」這種不夠嚴謹的偏見。如果只因為一次的失誤就斷言：「不用了，我不會把工作交給你。我知道你不適合這種事。」從此不讓部屬參與某項工作的話，有些部屬甚至會因此灰心喪志。

還有一件該注意的事，**就是不要輕易說部屬的壞話或評論部屬**。如果在其他部屬也在場的時候，隨口說一句「那傢伙實在很沒用」，最後不僅會傳入部屬的耳裡，連其他聽見這句話的部屬也會不安地懷疑：「你是不是也在背後這樣講我？」而這正是喪失信賴的第一步。

10 Christakis, Nicholas A.; Fowler, James H.（2009）. Connected: The Surprising Power of Our Social Networks and How They Shape Our Lives. Little, Brown and Co.

案例09

對於不合理的要求，不敢拒絕

下班後無法逃避的應酬

在貿易公司的子公司任職邁入第二年的太田敬先生（化名，二十幾歲），是一名優秀的青年。他的父母跟我很熟，我從小就看著他長大。太田在大學時參加過橄欖球社，深受同儕景仰；與父母感情親密，也很照顧年紀小他許多的弟弟，當初因為父親的朋友很賞識他這樣的性格，便介紹他進入現在任職的公司。

他的母親說，太田從第一年上班開始，就常常加班到深夜，第二年以後，體重甚至急速下降，這讓她感到非常擔心。原本性格開朗的小敬，到後來愈來愈不愛講話，每到星期天躲在被窩裡睡整天。

先前問他：「怎麼了？你還好嗎？」他還會回答：「沒事。」但有一次他過了半夜十二點才到家，對他說：「辛苦了。」他竟然毫無回應，這令小敬的母親非常驚訝，因為以前從來沒發生過這樣的事。

又過了一個月以後，有一次小敬過了凌晨一點才到家，一進門就癱倒在地上，然後爬進廁所大吐特吐。他的父親嚇了一跳，建議他隔天請假休息，但他也只是搖了搖頭就回去自己的房間。

「到底是怎麼一回事？你以前不是不會喝到這麼醉嗎？」面對父親的提問，小敬什麼話也沒說。隔天一早八點，母親滿臉擔憂地目送臉色蒼白的他步出家門。

「跟他說辛苦了也沒回應，我實在好難過。究竟該怎麼辦才好？」

我從憂心的母親那收到郵件，便回覆她：「能不能請他爸爸和他聊一聊呢？」並加註說如果有什麼狀況可以直接和我聯絡，讓我和本人談一談。我心想，這孩子是我從小看著他長大，說不定他會願意對我敞開心房。

從小敬斷斷續續的陳述聽來，他的直屬主管是一名個性相當難以捉摸的女性，比方說，她會在接近下班的時間挑剔工作上的不是，但工作上的事情也就算了，就連工作結束以後，她也吆喝著把部屬帶去居酒屋，說要一起去喝一杯。

小敬不討厭喝酒，但他喝酒一向有自己的節奏。然而那位主管卻無視於此，硬是灌他喝。小敬的父親問他，這難道不是職權騷擾嗎？但小敬回答說：「那種話我怎麼可能說得出口。況且對方是女性，我又才剛進公司兩年而已。」**下班之後必須與主管這樣應酬，就是讓**

他精疲力盡的原因。有些人可能會訝異，現在這個年頭竟然還有這種事，但這就是現實。

即使有職權騷擾的對策，但男性部屬抱怨女性主管，或許也有損男性的尊嚴。況且他身為新進員工，那個場面他也不能隨便應付一下就匆匆收拾回家，如果真的做出這種事，他會不安地擔心起自己的未來。面對父親時也只是問什麼答什麼，他似乎不想主動透露自己的苦處。一來他自己都說「現在還沒問題」了，二來父母親也不好多加干預，因此他的父母決定再暫時觀望一陣子。

雖然他的父母只對他說：「別把自己逼得太緊。」但另一方面似乎又希望他能在這個工作崗位上至少待個五年。因為我也很在意他的狀況，所以就試著透過臉書聯絡他：「最近怎麼樣？還好嗎？」他回我：「我很好喔，一切還應付得來，有點忙就是了。」另外還附了一個表情符號。我直接傳訊息給他說：「改天有時間的話，週末跟大家一起出來吃個午餐吧。」並決定暫時觀望一下。當他覺得自己快撐不下去的時候，能夠想到的支援愈多愈好。

意外得到「革命情感」的支持

過了大約兩個月以後，正當我心想不知道他狀況如何時，便收到來自小敬父親的聯絡。「小敬還是一樣忙，但他現在變得蠻有活力的。」從電話當中聽得出來，他的語氣相當放鬆。他說後來有一段時間還是維持相同的狀況，不過就在小敬的健康狀況愈來愈差，每天臉色蒼白、毫無食慾，連中午也吃不下飯的時候，一位任職於總公司的大學社團學長剛好來到子公司，並出現在他的部門邀他共進午餐。那位學長在大學的時候跟小敬很熟。雖然是總公司與子公司的關係，平常沒機會見面，但他們每年還是會在校友會上碰面一次。

那位學長看到小敬的臉色以後嚇了一跳。「你臉色怎麼看起來這麼差啊？」小敬便將事情的來龍去脈告訴學長。不過據說他仍舊表示，自己會再努力一點。學長則明確地告訴他：「工作很忙的話，多努力就好了，但是絕對不可以為了工作以外的應酬搞到三更半夜，讓時間都被占據了，身體也沒顧好。」

後來學長立刻建議公司針對主管的做法進行狀況調查，最後更達成了除非為了工作上的理由，否則不舉辦應酬聚會的決議。學長還告訴小敬：「**對不當的事情說ＮＯ，才是真正的努力。**」因此，「小敬終於也能夠喘一口氣了。」

原來如此，我心想。有時即使告訴父母狀況，也無法發出求救訊號。或者即使是像親戚一般從小就熟識的醫師，也無法發出求救訊號。但是來自運動社團的人脈，可以說是一種「男人之間的革命情感」。出於身為學長的尊嚴，即使有些勉強也要幫助學弟熬過困境。為了學弟出面一戰，或許正造就了男性更強大的內心世界。

為了自己而出面說「ＮＯ」是一件困難的事，但為了學弟的困境出面說「ＮＯ」，卻簡單多了。感覺像是真的在戰鬥一樣。為了學弟而出面說「NO」，同時也把那樣的行為說給自己聽，差不多就是這樣的情況。

如果換作是自己的學弟陷入同樣的困境，小敬應該也會像這樣伸出援手。**支援的形式有很多，不見得一定來自父母或醫師，而且愈多愈好**。不過另一方面，像小敬這樣有學長支援的年輕人，還有機會獲得幫助，但沒有學長支援的年輕人又該怎麼辦呢？如果沒有一個能夠讓人卸下心防的人，對剛進公司不久的年輕人伸出援手，他們是不會成長的。

處方 10

除了父母、配偶或醫師，你需要的支援可能就在曾經有過「作戰情誼」的友人或學長姐身上，別忽略任何能幫助自己恢復的管道。

主管的性別不該成為職場問題

對主管先入為主的性別偏見

在網路上搜尋「如何跟女性主管共事」的關鍵字，會找到成千上萬筆資訊。其中大部分都是介紹不同類型的共事方式和提供訣竅的指南。

事實上，**把主管是「女性」視為如此嚴重的問題或困難，此一事實才是最大的問題**，但很多人並未注意到這一點。在氾濫的資訊當中，竟然還有人說男性與女性的大腦構造不同，因此必須把對方當作完全不一樣的生物看待，簡直令我哭笑不得。如果是像婚姻生活那樣牽扯到感情與性等所有面向的關係，確實有必要具備這樣的基本認知，不過，在工作的往來上，生物學上的差異是可以被克服的。

男女之間在解剖學上確實存在著性別差異，但這種差異是屬於可以透過職業訓練或社會歷練加以克服的範圍，我想至少那些在以男性為主的組織中，靠著一步一腳印爬到主管地位的女性，幾乎都是早已克服這種生物學上的性別差異的人了。

真正的問題反而在於社會習慣性的意識到「因為是女性主管」，根據「因為是女性，所以應該很情緒化」或「萬一歇斯底里起來很恐怖」等偏見，或是在網路上搜尋到的「女性主管的類型」，去決定要如何與對方共事，類似這樣的行為最好加以避免。

我面對客戶已經超過三十年了，我個人覺得「男性客戶傾向於不輕易表露痛苦，女性客戶則傾向於訴諸淚水或一開口就停不下來」。不過只要遇到在職場上擔任管理職的女性，或是工作上必須肩負一定責任的女性，幾乎都能夠維持冷靜分析事物的觀點。反倒是我經常覺得，她們可以表現得更情緒化一點。關於「壓抑情緒」這一點，女性管理職會基於「不想被旁人視為討厭的女人」而忍耐，男性管理職則會因為「不想在職場上被視為軟弱的男人」而忍耐。過度適應的傾向男女皆然，但在過度適應前的心理過程卻有男女差異，這完全不是生物學上的差異所造成的結果，而應該說是社會意識所造成的差異。

貼在「女主管」身上的標籤，成為共事的阻礙

在日本過去的歷史上幾乎看不見女性擔任主管，而且短短三十年前男女僱用機會均等法通過以後，女性才開始投入職場，因此，這樣的社會自然存在著強烈的「男性應該要這樣、

女性應該要那樣」的意識。比起專業人士，社會對於女性的印象更偏向於妻子、母親或情人，這很容易成為在職場上與女性主管共事時的「阻礙」。

性別權力測度（Gender Empowerment Measure，GEM）是聯合國開發計畫所採用的指數，用於衡量女性在政治經濟界的決策參與程度。指數是依據女性在專門人員、技術人員、管理人員和國會議員等的比例去計算，而日本在二〇〇九年參與的一百零九個國家中排行第五十七名。

另外，衡量男女差距的世界經濟論壇「全球性別差距指數」（Global Gender Gap Index，GGGI）則是根據經濟、教育、政治、健康等四個領域的指標進行計算，而在二〇一〇年的報告當中，日本在一百三十四國中排行第九十四名。

由此可以推測，由於女性管理職的人數較少，因此是否無法排除只憑少數女性管理職的特徵，就替女性貼標籤的傾向呢？我想在此提出的結論是，若參考「與女性主管共事之道」的訣竅做事，最後將導致錯誤的結果。

就像男性主管各有不同的作風，女性主管也因人而異。我希望男性能抱著全新的觀點與女性主管共事，不要一開始就貼標籤。因為男性部屬如果擔心「主管是女性會不會很容易感情用事？」或一開始就抱持「對女性講話不能太強硬」、「能夠晉升到管理職的女性，要不就是很自我中心，要不就是很會討好男性，或者是女王蜂類型」等偏見的話，反而會讓女性在心理上有所防備。

情緒化的女性主管不等於「女性主管很情緒化」，而是「那個人是一位很情緒化的主管」。相處時必須冷靜地將對方視為專業人士，絕對不能因為是女性，就下意識地用偏見或有色眼光看待對方。

依照工作上的實績決定應對的方式

為了避免下意識採取這樣的態度，部屬可以事先了解女性主管過往的工作實績，了解她以往的工作經歷和專業領域，掌握她在工作上的表現和擅長的事情，如此一來，自然能夠將那位主管身為專業人士的一面輸入自己的潛意識當中，這是必要且重要的舉動。

唯有經過這樣的輸入動作，才能夠以「專業人士」而非「女性」的角度去看待女性主管。如果不把觀點從「女性」是主管調整為主管是「女性」的話，工作就無法順利進行。

回顧我個人的經歷，最棘手的情況就是與那些習慣「女性在職場上就是花瓶」的男性一起工作，例如在自治團體等舉辦的活動中與男性政治家共事，或是在幾乎沒有女性管理職的企業針對男性經營者發表演說等等。在這種情況下的活動中，他們經常對我表現出有點不屑一顧的態度。

在用字遣詞上，甚至有人會態度輕浮地不使用敬語，如果我是男性的話，他們應該是絕對不可能這樣說話的。這時我總會忍不住心想：「這個人恐怕總是用這樣的態度對待女性吧？」然而，同樣是男性，讀過我在報上連載文章的人，全都一視同仁地待我為專業人士。對於工作內容與過往經歷的了解，影響了我們之間的溝通。

對於日本社會的男性而言，以前很少在工作上碰到與自己平起平坐的女性。在他們的觀念裡，女性是男性的助手，只要長得好看順眼就夠了，而且最好老實溫順，臉上永遠掛著微笑，至於女性的工作能力好不好，一向不在他們重視的範圍裡。

所以當在他們心中低人一等的女性突然晉升為管理職，他們會無法適應這樣的變化，或許也是理所當然的事。在我熟識的企業裡，有一位非常優秀的女性專務董事，在她大約十五年前升任部長時，聽說曾經有一位男性常務董事大力反對這件事，那位常務董事說：「我絕對不容許她升任部長！我當部長的時候，她還只是個端茶的小妹！」

就像這個案例所反映的，社會對女性貼標籤或性別偏見的問題非常嚴重。當下可以採取的緊急對策就是撕下標籤，確實掌握那位女性在職業或工作上的成就。

從主管的成績瞭解他的行事風格

我最近的合作對象，是一家資訊科技相關產業的國際企業。員工的平均年齡是二十八歲，總數將近一百人，目前正急速擴展事業規模中。這家企業的副社長是一名還不到三十五歲的男性，但他在我們一起工作之前，已經先把我的主要著作全部讀過一遍了。他能夠不顧慮年齡、性別與我合作，我想應該就是因為這些事前的準備工作。無論身在什麼樣的企業或從事什麼樣的工作，工作時確實了解對方一路走來的心路歷程，是提升工作表現的基礎。即使對方是女性主管也不例外。

我想再次強調的是，調查對方的實際經歷，而非八卦、風評或像週刊雜誌那種私生活，才是與女性主管共事的關鍵。此處必須了解的不是一般對於女性的論調，而是關於那位主管本身的專業與實績。

除了帶人、也得做事的忙碌中階主管

成為管理職的特質，也是未來的弱點

主管本身也有各式各樣的困擾，尤其中階主管們的辛勞與苦惱雖然經常被拿出來探討，但究竟有什麼有效擺脫壓力的方法呢？在思考壓力擺脫法之前，首先該做的第一件事，就是釐清中階主管有什麼特質、為何會被安排在現在的職位上。

- 與他人的協調性佳；
- 工作有衝勁；
- 能夠快速完成工作；
- 作風強勢；
- 擅於照顧人，深受後進和同事信賴；
- 忍耐力強，不屈不撓；

・嚴以律己也嚴以待人，理想崇高，責任感強。

一個人之所以能夠晉升管理階層，或許是因為前述內容之一的特質受到肯定。如果你現在是中階主管的話，我希望你能先客觀地分析自己。

你在職場上的特質是哪一點呢？這是非常重要的關鍵。**因為你晉升的主因是你的武器，同時也是造成你的壓力的弱點**。尤其身為中間管理階層的人，如果又擁有「與他人的協調性佳」、「擅於照顧人」或「忍耐力強」等特質的話，極大部分都會因為這些特質而陷入壓力。

凡事以和為貴、擅於照顧人的中階主管，高層會對他十分信賴，指派工作給他，部屬也會找他商量事情。因為忍耐力強的關係，就算很忙也不會輕易抱怨。在逐一指導部屬的過程中，不知不覺就到了下班時間，好不容易可以開始處理自己的業務時，上面的主管又交代了一份緊急工作下來，中階主管則會面不改色地接下工作，而且不會顯露出任何疲態，**所以旁人根本無從知曉他的辛苦**。當這樣的狀態維持一、兩年後，鬥志就會消磨殆盡。

這種能力好的中階主管，大致上會面臨三種風險：❶長期默默忍耐，最後陷入憂鬱；❷長期默默忍耐，累到病倒，最後罹患身心症的風險；❸鬥志消磨殆盡後，突然辭職。

成為主管之後，更應該「自私」一點！

如果你是中階主管，而且自認是一位「好主管」的話，我希望你建立一些預防自己壓力的對策。

首先是管理自己的工作行程，先決定好日期與時間，**保留時間處理自己的業務**。一星期安排二次運動的時間，以維持良好的身體狀況，或是定出提早結束工作的日子。先大致上決定好協助部屬工作或提供諮詢的時間，同時在自己的心裡輸入「我協助大家，是基於自己想要這麼做」的「意識」，而不是為了部屬、主管或業務忙得團團轉，時間都浪費掉了。

手握主導權，以「自己」而非部屬或主管為「主詞」，對心理健康是非常重要的。即使因為緊急狀況而擾亂原本工作時間的安排，只要想起以「自己」為主詞就能夠克服。

舉例而言，不要什麼事情都馬上一口答應，而是告訴對方完成的時間，這樣就不必拒絕對方的請託，罪惡感也會比較低，這就是一種聰明的掌控方式。「好人」通常不擅長劃分或切割事物，往往會什麼都答應，然後像推土機一樣一口氣解決一大堆事情。只要改變這樣的習慣，就能夠減少壓力成因。

和處境類似的同學、朋友聊一聊

還有一項必要的壓力對策，就是與從事其他行業的大學同學或朋友之間的交流，從事相同行業的同學也可以。最好的傾聽對象，就是彼此之間沒有競爭心理，可以聊天的同年齡、同性別的中階主管。在所有處理壓力的對策中，最有效的就是有可以互相支持的友人。如果能夠多少聊一聊自己遭遇的辛苦或困難，內心會輕鬆一點。

對於肩負重要職務的人而言，夥伴之間的交流，例如曾在同一所大學或同一個專題學習、擁有共同基礎的夥伴之間，或是地位相似的朋友之間，這樣的交流是不可或缺的。

同儕支持（境遇相似者提供的支持）在日本不太受到關注，但在美國卻非常受到重視。記得在將近二十年前，我因為翻譯精神科醫師詹保斯基博士的著作《心態療癒經典：12天，轉化自我、走向愛》，造訪過博士的辦公室。

辦公室內正在進行同儕支持的對談，參與者是正在接受癌症或愛滋病治療的人，而在辦公室內以支持患者為業的諮商師，他們自己也有安排互相分享心情的同儕支持的時間。

諮商師肩負著責任，必須完成「傾聽與支持」的重要任務。理解、分享彼此的心情，是他們的一大支柱。有些事情唯有經歷過相同體驗的夥伴才能夠理解。「對啊，就是說啊」或「我也跟你一樣」的同理心回應，雖然無形，卻能讓人有種卸下肩上重擔的感覺。

如果你也是位居中階主管職、責任重大或業務量多的「好人」，我希望你務必要結識能夠提供同儕支持的夥伴。

工作能力超群的好員工，不一定會帶人

另一方面，有些中間管理階層與「好人」完全相反，反而會對部屬造成負面影響。「工作有衝勁」、「能夠快速完成工作」、「作風強勢」、「嚴以律己也嚴以待人」，如果你符合以上特徵超過兩點的話，你就是那種對部屬而不是對自己造成壓力的主管類型。

因為作風強勢、有效率、有衝勁、嚴以律己也嚴以待人等特徵，從某種角度來說是優點，但也會因為不聽部屬的意見、強迫對方接受自己的節奏、不能容忍動作慢吞吞的人，而對部屬造成壓力。不過，對辦事不牢的部屬發脾氣，自己也會陷入壓力之中。

我曾看過一些中階主管，忍不住覺得「身為他們的部屬，一定很辛苦吧？」他們對部屬的出勤時間很嚴格，時時刻刻仔細監督，認為「不守時間的人很糟糕」，對於工作的流程也會逐項給予指示。因為想要掌控一切，所以連假日的行程都要過問。「連與工作無關的假日行程都要過問，還嘮嘮叨叨地交代：『你最好學一下這個。』」如果是這樣的主管，部屬一定會敬而遠之。

因為工作能力強，所以深得公司高層的心，又擅長分辨好壞，自己做不到的事會明確拒絕，因此在分內業務上來說，壓力是很輕的。不過由於無法容忍能力不足或沒效率的人，缺乏對沒有自制力的人的包容心，因此人際關係不夠圓融，以結果來說無法提高職場業績。於是有些人就會因為「我明明是有能力的，部屬卻什麼都不會」而感到焦慮，到最後弄垮了自己的身體。

從三十五歲到四十歲出頭的中間管理階層，凡是工作能力強的，無論男女都有這樣的傾向。現在的人事是下剋上的時代，只要業績夠好，年紀輕輕也能平步青雲，現在過了三十五歲，還不到四十歲就追過年紀比自己大的人，晉升中階主管，已經不足為奇。可以對自己懷抱著「我能力很好」的自信，但不能憑著一股沒來由的萬能感，就以管理職為武器，把部屬強硬地分為「有能力」、「沒能力」或「有用」、「沒用」，貼上沒能力的標籤，失去發現部屬優點的肚量。

一邊嘟囔著「這樣雖然有點嚴苛」之類的話，一邊又直言不諱地說出自己想說的話，只顧著表現出下剋上的強勢，絲毫不體諒對方可能是長輩。因為在工作上的能力不錯，旁人也不敢多說些什麼，但這樣的組織將會因為環境的惡化，導致整體的業績遇到瓶頸。如果組織裡有這樣的中階主管，在他上面的高層最好能夠掌控全局。

如前所述，控制型的中階主管確實能夠在短期間內提高業績，但從長期來看，組織內的氣氛惡化、員工失去工作動力導致業績低落，都是可以預見的結果。公司高層必須具備看人的能力，才能針對要讓哪種特質的人升職，做出適當的判斷。

有時深受高層看重的人，不見得適合擔任中階主管，如果想讓優秀人才晉升的話，最好事先進行中階主管的教育，**尤其是業務技巧以外的範圍**，例如溝通的重要性或接受他人的包容力等等。

不懂得讚美和聆聽的主管，就是失職

令人困擾的主管還有一個特徵，就是「部屬做什麼都是理所當然的」。A先生服務於醫療相關產業，他努力工作創造成果，主管卻不給予任何肯定，還表現出「這是你的工作，這樣做是理所當然的」、「你拿公司的薪水，本來就應該這樣」的態度。

「就算只是說一聲『做得好』也可以啊。害我愈來愈沒有動力了……。」A先生這樣的心情，我非常能夠理解。當然他工作並不是為了得到讚美，可是那短短一句話裡，包含的對部屬付出辛勞的感謝與慰勞之意，是維持職場動力的重要因素。不在意這種無形但重要的事情的人，也可以說是不適任主管這份工作，因為「**維持部屬的工作動力，也在給薪範圍內**」。

如果你的主管是這樣的人，千萬不可以因此而消沉。**對於自己完成的工作，應該要在「我已盡所能做到最好」的認知下，給予自己肯定**。然後對於不懂得慰勞人的主管，只要知道對方就是這樣的人即可，不需要再因為對方的態度而七上八下。

此外，還有另一種令人困擾的主管，就是「自說自話」的主管。滔滔不絕地炫耀著自己的豐功偉業，一旦開啟話匣子就停不下來，即使一時被打斷，也要繼續講的人。乍看之下很像是上了年紀的主管比較容易有的特徵，但事實並非如此。

約三或四十幾歲、「只有工作能力強」的壯年管理階層，很多都會呈現這樣的特質，尤其令我在意的是臉書上的自吹自擂。B先生很喜歡使用臉書，有一次他加了一位關係不錯的同事為好友，結果因為那位同事加了公司的人為「朋友」，所以他也不得不和那些公司的人變成「朋友」關係。原本他很喜歡私下使用臉書，但從此以後他也不再隨意更新動態了。

B先生的主管年紀介於四十五歲到五十歲之間，工作非常勤奮，但總是一天到晚在臉書上自吹自擂。B先生一方面不想要連私生活都得聽主管自吹自擂，另一方面又不敢不按「讚」，自己心不甘情不願按「讚」的舉動，還有看到其他人在留言裡拍主管馬屁，都讓他倍感壓力。

主管不可以自吹自擂，在成為主管以後，人們會因為身分對你低頭，會刻意吹捧你。即使對方保持沉默，也千萬不能在對自己低頭的人面前表現得更加志得意滿，對方是看在主管的身分才聽你說話。主管應該用心傾聽並肯定部屬，這樣才能避免成為令人困擾的主管。

話雖如此，令人困擾的是，通常愈是認為「我應該再多傾聽部屬的意見才行」的主管，實際上愈是「經常傾聽部屬的意見」的主管；愈是認為「我已經很認真聽了，部屬都不聽我說話」的主管，反而愈是「自說自話」的主管。不懂得傾聽的主管往往堅信自己的做法才是對的，所以不管誰說什麼，他們還是會繼續自吹自擂。了解這一點，並且不輕易被對方影響，也是與這種主管共事時的自保之道。

不用責備，就能讓部屬自動反省的主管

曾經有一個演藝人員排行榜針對「理想主管的形象」進行調查，但在現實社會中要找到電視或電影裡出現的那種理想主管，應該幾乎是不可能的吧？要遇到一個值得尊敬、發自內心感到佩服的主管，可能一輩子都不見得有一次。

醫師這門職業雖然屬於封建式的縱型結構，但從醫師資格的標準來看，大家都是平等的，所以我總覺得跟企業裡主管與部屬的關係有一點差異。一旦離開醫學院，每個人不是獨立開業就是到一般醫院服務，所以會變成各自獨立的個體，比較沒有主管對部屬這種明確的關係性。

以我本身為例，我在自己母校的大學醫院服務時雖然有主管，但後來因為獨立開業，所以沒有主管。經營診所大約二十年以後，我獲聘為栃木某所大學教育學系的教授，因此我在這裡也沒有主管。

然後三年前，我開始在日本醫科大學工作，事隔三十多年以後，再度回到縱型結構的社會。外出或出差都需要提出申請，取得所長和校長的許可章。一開始我幾乎快要忘記主管與部屬的關係了，所以我又重新認識到這個世界「原來是這樣的啊」。不過我在這個地方遇見了一位主管，他讓我覺得「這才是主管該有的樣子」。我在第一線工作了幾十年，從來沒有見過像他這樣的主管。

二〇一三年，日本醫科大學受日本政府復興廳委託心理健康支援事業，由我擔任統籌者。我們預計在受災地舉辦支援演講與講習會，地點分別是宮城、岩手等八個地區的會場，但印製海報的過程中卻發生了疏失。

原稿在送印時並無錯誤，但那份最終稿卻在印刷廠被抽換成日期校正前的版本，最後印出來的海報上有一個場次的日期是錯誤的。由於我在送印前將原稿一再確認、檢查了很多遍，因此萬萬沒想到會在印刷廠被抽換。是我自己的檢查工作做得得不夠嚴謹。印好的那天我剛好扁桃腺發炎，發燒臥病在床，但我不應該把校正工作丟給別人。因為行程緊湊，所以我急忙把海報發送出去以後，才檢查到錯誤。

我向各方致上歉意，也因為對校長造成了困擾，所以特別約好一個時間，打算當面向他道歉。我平常幾乎沒有機會見到縱型結構社會頂端的人物。因為以前我只見過校長一次，所以我一直在猜想事情究竟會如何發展。我認為如果換作我站在校長的立場，應該不可能會原諒這種不該犯的錯誤吧？但當下唯一能做的，就是先表明日後該如何改善檢查制度，努力防止這種事情再度發生，再向對方道歉。

到了約定的那一天，我戰戰兢兢地打開校長室的門，開口向校長道歉，沒想到他的回應卻完全出乎意料。田尻孝校長給我的回應是：

「請儘管放手去做吧！不必為了這種事情感到退縮或恐懼。」

我從沒見過這樣的主管。在那個當下，我感覺主管的品格就該像這樣。一般情況下，大概會說「下次別再出錯了」或「這種事以後不要再發生」，如果換作是我的話，很有可能說出這樣的話。

有些主管還會追究為何會出現這樣的疏失，不過，若是部屬立刻就反省錯誤，也正在思考如何防止錯誤重演，在這時火上澆油的話，部屬會感到退縮，並因此打擊到工作計畫的士氣。

比起自己的想法，是否有為對方心情設想的胸懷，或許才是決定主管品格的關鍵。能夠替部屬的疏失承擔起責任，提高部屬的工作動力，才是真正理想的主管吧。

田尻校長雖然已經結束任期，從學校退休了，但在長年的工作生涯中，能夠跟這樣的主管共事兩年半，實在讓我覺得很幸福。在不受情緒影響的前提下，設想部屬的立場與心情，並承擔所有責任，不讓部屬失去幹勁，簡直就是最完美的主管。話雖如此，這樣的主管一生可能遇不到幾次。

Chapter 4

自我認同——必須「有所成就」的社會期待

案例10

工作內容大幅改變，失去「被需要」的感覺

想要大展所長卻無處發揮的苦悶

一九九一年泡沫經濟崩潰，有一段時期人們開始思考人生的價值觀。一九九二年出版的中野孝次《清貧的思想》在一九九三年登上暢銷書排行榜，當時的日本因為個人消費水平低下，經濟每況愈下，工資和獎金都縮水，電視劇愈來愈多探討家庭或關係的主題，市場上陸續推出低價商品。

在這之中，我想也有很多年輕人試圖摸索出金錢或物質豐裕以外的人生目的。「活出自我」這句話如今已耳熟能詳，但我覺得好像是從那個時候開始才講得特別頻繁。

在所謂就職冰河期的一九九二年，佐田良二先生（化名，四十幾歲）進入一家專門出版經濟議題專刊和學術專書的出版社。他從東京都內一流私立大學畢業後，進入研究所取得MBA。任職的公司雖然不起眼，卻也是歷史悠久的出版社，又是他的第一志願。他連續編

輯專業雜誌五年以後，轉職到更大眾化、出版商業領域書籍的公司。

由於佐田先生原本就擅長調查或研究，因此他加入了新公司的市場暨廣告策略調查部門。他勤於奔走又擅長調查和簡報，自然被公司捧在手心上，並且深受主管信賴，創下優異的成績。即使景氣不佳，他的功勞還是在二〇〇〇年獲得肯定，被外派到他夢寐以求的紐約關係企業，並前往紐約的大學研究室見習，度過了兩年充實的光陰。他在前一年結了婚，在美國期間除了工作之外，也遍覽社會學專書，讓英文能力大幅提升。

回日本以後，他繼續投身市場調查部門，但此時網際網路正迅速普及，即使不是專家也能夠完成相當程度的調查，因此他的工作量隱約開始減少。工作量減少還無所謂，但他同時也感覺到自己在公司內的存在價值愈來愈低。他心想，這樣下去不行。話雖如此，真正讓他害怕的，並不是自己在公司內的存在價值愈來愈低。他認為工作量減少，無法發揮自己的能力，這才是最糟糕的事。凡事盡己所能是他的原則。

工作量減少，多出一點空閒時間以後，他在公司的允許下，整理好之前的市場調查和廣告策略等資料，開始每週在大學授課一次。公司的判斷是，員工以大學約聘講師身分跨足教壇是一種地位象徵，而且有助於公司的宣傳。在工作之外能夠跨足教學的世界，佐田先生充分感覺自己正在活出自我。雖然孩子出生了，太太也一直都有工作，但夫婦的溝通十分良好，生活過得相當充實。

這種狀況急遽改變，是在二〇〇八年的雷曼兄弟事件以後，佐田先生和公司都受到衝擊，公司的基本經營方針也是要先確保營收，而當務之急就是灌注全副心力，努力提高收益。公司開始裁員，佐田先生部門少了一半的人，取而代之，進來的都是被列入裁員首選的其他部門員工或生病休養後復職的員工。從那個時候開始，佐田先生就很容易感到煩躁，不明白自己到底在做些什麼。

從公司的A咖員工，變成不被需要的冗員

佐田先生在健康檢查中被診斷出糖尿病前期並來到我的診所就診，是二〇一四年的事。我一開始心想，如果要尋求糖尿病的治療或生活指導，應該去糖尿病特別門診，為什麼會來找我呢？我決定先聽聽他怎麼說，等了解詳細狀況後，再視情形替他介紹糖尿病專科醫師。佐田先生身材中等，看起來不像典型的糖尿病患者，也沒有家族病史。在我開始詢問他的飲食、運動、酒精攝取、生活習慣等細節以前，他自己先開口了：「我在二〇〇九年飲酒過量……。」他因為急性胰臟炎緊急住院，請假休養了三個月，康復以後也戒不掉酒精。

「我家有兩個冰箱，其中一個冰箱的上半部塞滿了啤酒。」

空腹時的血糖值超過二百毫克，雖然需要注意避免引起糖尿病昏迷等症狀，但佐田先生

對於糖尿病的知識相當充足，似乎沒有必要再多此一舉地強調危險性。

不過他的酒精成癮問題相當嚴重，甚至連午休時間都會忍不住想喝酒。他說好險自己喝一罐三五〇毫升的啤酒不會臉紅，所以他經常從白天就開始喝。佐田先生所屬的部門，據說已經完全停擺了。

「完全是坐冷板凳，痛苦的是每半年就要在人資考核的時候提出一次新企畫，但我根本找不到新的題目。」

佐田先生視為志業的調查和研究領域，並不為公司所需要。以前公司內部所有部門都需要委託他的部門進行調查，現在各部門都有個別的調查系統，因此再也沒有人來委託他了。在這樣的狀況下，他就算試圖尋找其他課題，也不會有什麼好結果。當然，他的人資考核被評為最低等級。即使如此，他本人還是很平靜地接受考核的結果。

「那是當然的啦！我沒辦法投入公司追求的新領域，對營收又沒有貢獻，所以這也是無可奈何的事。」我從他的言談中感受到了這一點。

不過可以想像的是，這對職場上一路走來一帆風順的佐田先生而言，是多麼難以忍受的狀況。那天佐田先生跟我分享一首他最近創作的詩，模仿宮澤賢治〈不畏風雨〉創作出自嘲但幽默的作品，我對他出眾的表達力讚嘆不已。

成癮症是一種逃避現實的表現，**因為現實的自己與期望中或想像中的自己不一樣，所以**

只好逃避而不正視現實。只要遠離現實，逃進酒精的懷抱，就不會感到痛苦，久而久之便習慣了這樣的模式。

不過看佐田先生的情況，他很坦然地面對自己的現實，而且也能夠客觀地分析。他沒有逃避因為狀況改變導致公司經營方針改變，所以對自己的評價也改變的事實，對於公司的制度也沒有半分怨言。不過他意識到制度的改變，造成他努力累積至今的人生一夕崩潰，並且感覺自己失去了用武之地。

我感覺他以往用在工作、研究調查或教學上的精力，如今因為無處宣洩，導致他陷入徬徨之中，轉而向酒精尋求慰藉。讀過他模仿宮澤賢治寫的詩以後，我開始和他聊起宮澤的作品和社會心理學等話題。

「如果用馬斯洛（Abraham Maslow）的理論來說，你之前就是一路從尊重需求的層次向上攀升到自我實現需求的層次，結果卻在一夕之間崩塌了。不但摔得粉身碎骨，連尊重需求都連帶喪失了。」

用馬斯洛金字塔看清該努力的方向

馬斯洛是一名出生於美國的心理學家，父母是俄羅斯猶太人移民，在家中排行老大。馬斯洛的理論不僅影響了心理學當中的「自我實現論（需求層次理論）」，更影響了管理學乃至教育等領域。

著名的人類需求金字塔「馬斯洛的需求層次理論」是這樣的：人類的需求可以分為不同層次，每滿足一個層次，就會想要追求下一個層次，也就是滿足更高層次的需求。

第一層需求是生理需求，也就是維持生命的需求，追求生理性的滿足，例如飲食、睡眠、排泄等本能的基本需求。

當這層需求滿足以後，就會產生下一層的「安全需求」，也就是對安全、安定的需求。當安全需求獲得滿足以後，就會產生「社會需求」，也就是在社會上有自己的歸屬之處，想在家庭或公司的某個地方占有一席之地的需求。當這個需求未獲得滿足時，人就會陷入憂鬱或不安的狀態。

另一方面，如果這層需求獲得滿足，接下來就會產生「尊重需求」，也就是渴望社會肯定自己的價值、渴望獲得他人認同、渴望獲得地位或名聲、渴望受到關注的需求。如果這層需求未獲得滿足，人就會產生無力感、嫉妒心或自卑感。馬斯洛認為持續停留在這個需求層次是很危險的一件事，因為那個人將會持續不斷地追求權力或地位。

因此馬斯洛強調，追求更高層次的需求，也就是朝著自我實現的目標發展是很重要的。無論尊重需求獲得多大的滿足、從他人那裡得到多少肯定，或攀上多麼崇高的地位，人只要

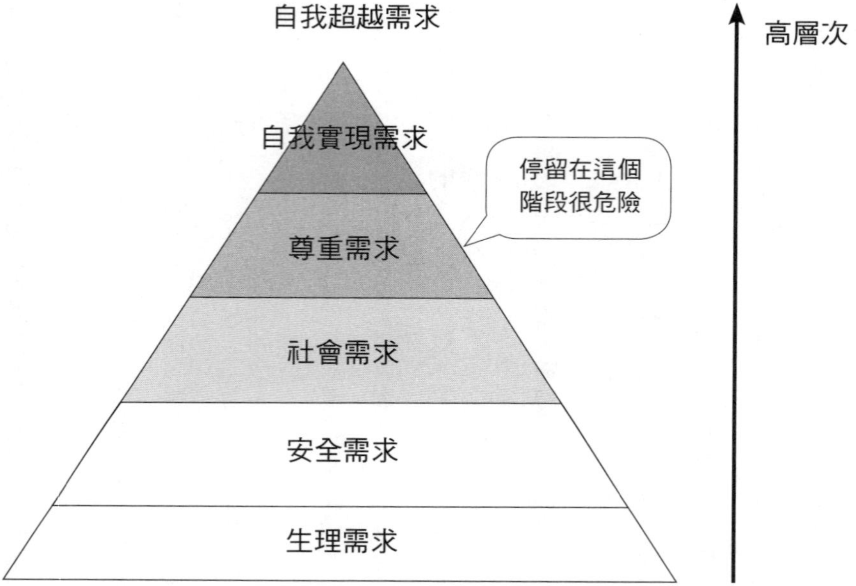

圖 1　馬斯洛的自我實現論

沒有真正適合自己、滿足自己的東西，就會陷入不滿，而追求「真正滿足自己的東西」就是自我實現需求。

馬斯洛的自我實現需求，說得簡單一點，也可以說是「渴望活出自我」的需求。不過馬斯洛的自我實現需求跟以前年輕人歌頌的「活出自我」，雖然確實很相似，但成立的前提卻大不相同。馬斯洛的自我實現需求，是先通過前面的人類基本需求層次以後才抵達的需求層次，以前年輕人所說的「活出自我」則是學生時期，尚未在社會上貢獻一己之力時，站在尋找自我的立場上歌頌的自我實現。這應該不太可能成立。
我認為應該是先踏實生活，讓自己的食衣住行穩定下來，經過這樣的儀式以後，再站上自我實現的起跑線才對。

過往的經歷在轉眼間變得毫無意義

我跟佐田先生約法三章，要他一定要準時上班，白天絕對不能喝酒，為了滿足馬斯洛需求中的生理需求或安全需求，千萬不可以放棄工作，還有要規定下班後的飲酒量，我們達成了共識，要在工作以外找出一個「可以活出自我」的方向。

佐田先生每個月固定來診所一到兩次，每次都會分享他創作的一篇又一篇幽默中帶點苦澀的文章，對於他無處發揮的才能，我深感遺憾。至於他為什麼無法戒酒，他的理由是：「因為我覺得想戒隨時都能戒，所以都會忍不住就喝了。」實際上他也曾下定決心戒酒一個月，然後真的整整一個月不喝酒，因此空腹時的血糖值一度降到一百毫克，中性脂肪也恢復到正常值。但看到這樣的結果後，他又覺得可以放心地繼續喝酒了，於是又重蹈先前的覆轍。

為了找出工作以外的目標，他持續摸索其他的可能性，開始利用週末擔任義工，免費教孩子學外文。因為教學的場合不能喝酒，所以某種程度上也算是在限制自己。雖然最初半年過程都很順利，酒精攝取量也減少了，但光是當義工很難消耗掉他充沛的精力。待在家裡的時候，每到週末還是喝得爛醉，最後連義工的工作都不得不暫停，這讓他陷入了自我厭惡的情緒中。因為他一直關在房間裡喝啤酒和威士忌，所以按這情形看來，似乎有必要住院接受治療了。

「你這麼有創意的人，把精力全部耗在酒精上，實在太浪費了。」我認為他需要家人的幫忙，因此建議他帶太太一起來就診。

由於公司目標隨著社會狀況而改變，這一輩子努力累積至今的成果，有可能一夕之間付之東流。

過去雖然有人在泡沫經濟崩潰時失去辛苦積攢的一切，但他們失去的主要是社會地位或金錢，以及圍繞著這些的人際關係或家庭關係。不過雷曼兄弟事件以後，失去的狀況卻不太一樣。有些人就像佐田先生這樣，原本在工作等領域闖出自己的一片天，一邊在工作和自己私人的世界取得平衡，一邊努力對公司或社會貢獻一己之力，但這些過往經歷卻在一夕之間變得毫無意義。明明有能力卻無用武之地，實在令人感到遺憾至極。

機會來臨前，你得讓自己做好準備

我建議佐田先生帶太太一起來就診以後，他有一段時間沒跟我聯絡。兩個月後再次見到面時，他的表情看起來比之前輕鬆多了。

「其實有一次我喝到幾乎快掛了。」

那個週末他再也無法忍耐，回到家就躲回自己的房間裡，鎖上門開始喝起啤酒。他感到生氣，覺得自己很懦弱，一想到自己是不是要為了賺取孩子的學費，一輩子待在這個令人不快的職場，他就無法克制地把啤酒換成威士忌繼續喝。

他用力捶打牆壁，捶到連手都破皮了，這讓他的怒氣不減反增，激動得一腳踹破壁櫥的門。他開始自暴自棄，毫無節制地喝。太太擔心地敲門探問狀況，他卻怒吼：「別管我。」他不停地嘔吐，呼吸變得很困難，就在他陷入意識模糊的狀態之際，身體裡面湧起一股強烈的意念，「我絕對不要就這樣掛了。」他說：「我才不想死得這麼悲慘。」由於這個念頭實在太強烈，因此他就這樣牢牢記住了。

「隔天因為沒辦法去學校擔任義工，所以我無故缺席。我心想這樣下去不行，這樣實在是再糟糕不過了，於是便決定戒酒。」

佐田先生規定自己一天最多只能喝兩罐三百五十毫升的啤酒，星期六不喝酒，星期天只能在晚上喝一罐啤酒。我和他討論有沒有什麼事情能讓他發揮能力或消耗精力的，最後他決定開始鑽研英語以外的第二外語。後來他暫時控制住酒精的攝取量，血糖值也降低到正常的範圍。雖然在職場上的評價依然很低，但那半年的情況相對穩定，義工服務也持續在進行。

半年後，他突然在沒有預約的日子前來就診。我本來還擔心他是不是出現了什麼異狀，結果他看起來一臉神清氣爽，劈頭就說：「我的運氣終於來了。」

原本他所屬的部門持續空轉，已然成為公司的包袱。換了一位新部長後，新任部長檢視過工作內容，向上頭提議解散該部門，因此他的部門便解散了。原本的成員必須分配到其他單位去，佐田先生雖然被調到子公司，但他被指派到的單位是全新的海外事業推廣部。由於這個部門需要與國外交涉或進行調查，因此據說他的能力倍受期待。我永遠忘不了佐田先生說出「運氣終於來了」時，他臉上的表情。

三個月後，佐田先生來向我報告近況。從他煥然一新的清爽短髮和短袖襯衫來看，想必他在現在的職場一定過得很充實。這個案例讓我強烈感受到，在狀況改變以前，擁有一個支持自己的地方有多麼重要。

處方 11

當環境改變使你無法發揮時，先尋找另一個能滿足自我價值的方向，隨時做好準備，才能把握每一個轉變帶來的機會。

案例11

人生勝利組的背後，充滿不為人知的陰影

有些痛苦只是被壓抑，並沒有消失

「您就是寫這篇文章的醫師吧？」

山岡修造先生（化名，六十幾歲）帶著從雜誌上剪下來的文章走進來時，我感到有些驚訝，因為那是我大約四年前寫的文章，內容主要是在為孩提時代有痛苦經驗的人提供一些心理支持。不過他為什麼會保留著四年多前的雜誌剪報呢？山岡先生察覺我的疑惑後，主動開口了：「其實我也經歷過同樣的事情。」

山岡先生的父母在他國中一年級時離婚，母親決定到遙遠的他鄉工作，他雖然想與母親同行，卻很擔心被留在家鄉的父親與祖母。父親沒什麼生活能力，母親也是因為這一點才決定出走的，但如果父親只剩下自己一個人的話該怎麼辦呢？這是剛升國中的山岡先生最擔心的事。母親頭腦聰明，工作能力也強，已經在外地找到一份不錯的工作了。國一的

山岡先生對母親說，他會好好照顧家裡，要母親儘管去做她想做的工作。

「其實，那並不是我的真心話。」山岡先生說完後，欲言又止地沉默了一會兒。

「您其實想跟令堂一起離開吧？」

「……那是當然的啊。我才剛升上國中，還很依賴母親。」

他當時的痛苦，就跟那位來向我諮商的諮商者感受一樣，「我什麼也不能做，只能眼睜睜地看她離去。」

山岡先生與父親、祖母一起留在東北，過著一邊打工一邊埋首苦讀的日子。自從母親離開以後，他們就再也沒有聯絡了，因為他覺得要是聯絡的話，自己一定會情緒崩潰。

成績優異的岡山先生考取了國立大學，在東京生活、畢業、就職，最後自己創立新事業。後來事業經營有成，累積龐大資產，結婚後現在三個孩子都長大了，他決定把事業交棒給下一代。就在那個時候，他讀到了那篇剪報文章。

被刻意壓抑並忽略的情緒

文章內容對他的內心造成衝擊，過去一直壓抑在心底、假裝沒注意到的悲傷和痛苦，一口氣湧了上來。後來，他時不時地就會感到沮喪或食不下嚥，不過他以前一直把過往的經歷壓抑在心底，連家人都不知道這些事。

「我沒跟太太或孩子說過這些事，而且他們也都沒注意到我心情不好。」周遭的人都認為他總是精神奕奕、活力充沛。「員工都認為我是一個隨時都很有活力的老闆，家人也認為我就是一個隨時都精神飽滿的爸爸。我自己也希望保持這樣的狀態，所以他們不知道也沒關係。」

為了排解時不時感到沮喪、陷入憂鬱的心情，他在國外買了一棟別墅。好不容易把事業交棒給孩子，終於有空閒享受生活了，他卻怎麼樣也開心不起來。

就在那個時候，他發現平常幫他開降血壓藥的醫師剛好與我是舊識，便在因緣際會下來到我的診所就診。他對於自身狀況的認知相當客觀。

「以前我一心只想要好好擴張事業，將來傳承給孩子們，不去想其他任何事情，然後就這樣走到這一步。大家都認為我是很有活力的老闆，根本不可能罹患憂鬱症。我太太也是這麼想的。因為我一直以來都表現出這樣的形象，未來也希望一直保持下去。」

山岡先生應該屬於「達到人生巔峰的男性」，成家、立業、獲得社會地位的人生勝利組。而且為了成為人生勝利組，他一路走來不斷壓抑自己的情感，刻意不去面對悲傷與寂寞的情緒。然而當他達到所有的目的與目標以後，壓抑的情緒一下子全部翻湧而上。

努力站上頂端以後，該何去何從？

男性為了成為社會中的人生勝利組，往往會為了更高的地位爭得你死我活。在壽命不及完成目標的時代，男性多半壯志未酬身先死。不過現在已經不同了。「達到巔峰的男性」必須在獲得社會地位以後，繼續摸索人生的方向，這就和女性完成生兒育女的任務後，必須開始面對自己的人生一樣，男性也必須面對「達到巔峰以後」的人生。

有些人在達到巔峰以後，仍汲汲營營於追求更高的地位。也有些人成天過著奢侈與逸樂的生活。若對照前述的馬斯洛理論，在獲得社會地位或滿足尊重需求後，僅有百分之二的人能夠達成下個階段的自我實現需求，因此山岡先生就是這少見的百分之二的人。

達到巔峰的男性究竟會停留在滿足尊重需求的層次，還是會前進到下一個活出自我的人生階段，端視他能否面對為了達到巔峰而長期壓抑的「自己的情感」。**他們必須挖掘潛藏在一向遵從社會期待、背負男性義務的自己心中的感受，並順應真實情感，重新摸索出一套生存之道。**

有沒有賺大錢？成功或失敗？是否獲得肯定？用不同於這些標準的指標看待事物，感覺自己下一步想要做什麼，這才是通往下一個層次的道路。

「表達」就是自我檢視的機會。山岡先生藉由表達自己壓抑的情感，跨出了第一步。我想他應該能夠尋找到不同於以往的目標，並且一邊朝著那個方向前進，一邊尋找到「賺錢」或「獲得他人肯定」之外，自己還能夠對社會貢獻些什麼。

處方 12

當達到自己或是社會對於你的期待後，試著用跳脫金錢、地位、名聲的角度，聆聽內心真正的感受吧！

案例12

為了將來就業，選擇根本沒興趣的科系就讀

高學歷資優生的掙扎

中田浩次同學（化名，二十幾歲）已經頭暈了好一陣子，因此前來就診。雖然之前曾前往耳鼻喉科就診，但治療數個月後仍不見改善。耳鼻喉科醫師說他並沒有什麼特別的問題，但症狀一直沒改善，有可能是精神因素所造成的，因此才轉往身心科。

中田同學的穿著打扮十分體面，不像這年頭許多年輕人都是簡單隨意的牛仔褲加帆布鞋，他穿著藍色短袖襯衫搭配皮鞋，唯一比較有個性的地方應該就只有右耳的小耳環了！說話的語氣也凸顯出他的聰穎，得知他就讀於國立大學的法律系以後，我想一切都說得通了。

中田同學的身體出狀況，是入學後沒多久的事。他應屆入學後，莫名感到身體不適，便休學了一年，之後從四月開始重回學校，但沒多久就開始出現耳鳴、頭暈等症狀。他去耳鼻喉科做過檢查，也按照指示吃藥，卻遲遲沒有改善，但他已經不能再休學了，所以這令他感

到很困擾。每天早上起來都不太舒服，常常在收拾東西準備去學校的時候感到頭暈目眩，幾乎都快站不住腳。後來也持續處於心情不好的狀態，除此之外，還有一點輕微的憂鬱症狀。

「你在大學修讀什麼樣的課程呢？」

中田同學在老家的高中，始終保持第一名的成績。因為不擅長理科，所以希望朝文科發展。「但我入學以後，上了幾堂課，發現這跟我想做的事完全不同……。」

中田同學說他對課程內容幾乎沒有興趣，而這件事讓他很痛苦；除此之外，他對自己的自信也逐漸心生動搖。「雖然我在家鄉一直是第一名，但在這裡卻跟其他人不相上下，這讓我莫名地失去動力。」他接著說：「而且，我原本就對法律系沒有興趣……」

「咦？怎麼會這樣？那你為什麼要選法律系？」我問他，得到「為了就業」的回答。

無法過自己想要的人生

中田同學原本對考古很有興趣，他想鑽研的是考古學。不過考量到未來就業，他認為讀考古學沒有任何幫助，所以就算要選也要選國立大學的法律系。離家在外獨自生活的環境變化、從資優生變成普通學生的評價變化，再加上自己毫無興趣的學科，我想這些壓力因素，就是造成他內心發出悲鳴的原因。

中田同學有一個妹妹，父親在家鄉的餐飲店工作。高中畢業的父親雖然是個很好說話的對象，但中田同學面對低學歷的父親，似乎從小就有「這樣不行」的想法。成績優秀的他不僅深受家人期待，在家鄉應該也是頗受矚目與期望，我可以從他的言談之間感受到周圍的人對他的期待。

然後他很認真地在煩惱，如何才能在未來四年熬過自己沒興趣的大學生活，或是如何才能不讀大學。他背負著眾人的期待，不可能給家裡增添負擔，雖然不想再讀大學，但不讀的話根本不能就業，也不能跟父母親商量，所以他必須忍耐才行……據我推測，他的身體就是在這樣的掙扎之中發出悲鳴，從而引發症狀的。

現在的父母對兒子的期待依然很高，程度和以前不相上下。二〇〇二年日本內閣府的調查也顯示，在孩子年紀介於小學四年級到中學的父母當中，父親與母親皆有高達三分之二期望兒子能夠取得大學以上的學歷，至於女兒的話，父親則是百分之四十一，母親是百分之四十七。

同樣地，父母所期望的孩子性格，雖然男女差異比過去減少了，但對於兒子和女兒的期待還是存在著差異，通常對男孩子的期待就是更有責任感，而女孩子則是更具協調性。父母「希望孩子是這樣」的想法會影響到孩子，讓孩子迎合父母的期待決定未來方向，應該已經是見怪不怪的事。可以理解中田同學即使沒什麼興趣，也要選擇法律系的理由。

中田同學內心的掙扎，**亦即究竟要按照旁人的期待而活，還是要追求自己想過的人生，這之間的落差也是他一輩子要面對的課題。**雖然無法活出眾人期待的人生是一件很折磨的事，但以資優生的模樣按照眾人的期待而活，如果與自己渴望的人生不同，也會成為一種壓力來源。

在痛苦的處境下找出希望的活路

話雖如此，就算中田同學放棄讀完大學，這也不表示他的掙扎可以就此了結。一想到自己好不容易才擠進大學的窄門，他很有可能對於背叛父母的期待產生罪惡感。況且最重要的是，他自己也想努力拚到大學畢業，至少要能夠找到工作餬口才行。

我們開始討論，如何才能在不中斷大學學業的前提下，涉獵他自己有興趣的領域。因此我提出了一些建議，例如在大學之外另尋可以鑽研考古學的地方，積極參加對同一個領域有興趣的學生社團，或是利用暑假等假期時間學習自己想學的東西等等。

無論在職場上或大學校園裡，都有那種一碰到不適合自己的環境就放棄的人。另一方面，也有一些人會為了不適合自己的環境而掙扎，最後因為適應不良而弄壞身體，不得已只好放棄。

想要找到百分之百適合自己的自在環境，無論是大學校園或職場應該都很困難。如果能夠逃離不自在的地方，順利找到其他更好的場所，當然是最好的，但**如果無法這麼做的話，盡可能在不自在的環境裡努力滿足自己最真實的渴望**，將有助於從壓力中恢復健康。

問題在於一般人的應變方式幾乎只有兩種，「因為討厭所以放棄」或「雖然討厭但只能忍耐」。或許在這兩個選項之外，也應該要有「在討厭的處境下尋覓自己的一席之地，讓自己感到自在」這種改變思考面向的選擇。

之後，中田同學返回學校上課，維持學業。這段把身體症狀視為內心的悲鳴，正視內心掙扎的經驗，或許會在日後成為這名菁英跨越過的一道重要障礙。

處方 13

當身處感到痛苦的環境時，除了放棄和忍耐之外，還有「設法感到自在」的平衡選項，試著找出來。

案例13

以興趣為職業，卻面臨對現實妥協的困境

「以興趣為職業」的現實壓力

即使從事自己有興趣或喜歡的事情，也很難靠著賺取的收入維生。上一個案例的中田同學，為了高收入、高社會地位的職業，而面臨選擇進入高門檻大學的壓力。那麼，如果選擇以自己喜歡的事情為業，就沒有壓力嗎？話也不能說得如此篤定。即使選擇自己喜歡的、可以投注熱情的路，一樣也會有另一種壓力。

我和三好賢二先生（化名，三十幾歲）是八年前在波士頓認識的，他是一名爵士樂手。當時我即將前往位於波士頓的哈佛研究室，而一位舊識的兒子是鼓手，剛好也在波士頓，他便介紹我們認識。

三好先生是故人之子的朋友，當時正在攻讀研究所。他畢業於一流大學的工學院，老家是經營電子相關事業的自營業者，他從高中時期就想朝音樂之路發展，並以音響工程師作為

未來的目標，在工學的科系中也選擇與音響有關的領域。畢業後，家人知道他決定前往波士頓的哈佛大學學習音樂演奏與工學科目，也以支持的態度送他到美國深造，這完全符合他以興趣為業的目的。三好先生大學畢業後，隨即在二〇〇一年赴美，那年他二十二歲。

二〇一〇年，三好先生回到日本，回國後一直住在東京，目前在音樂工作室打工維生，偶爾接一接現場表演的活動。我把這次執筆本書的事告知三好先生，並決定請他接受我的訪問；他在攻讀研究所時也有打工，感覺經濟方面似乎相當拮据。

「怎麼樣？工作還順利嗎？」我問他。「嗯……，」三好先生面露苦笑，「其實蠻辛苦的。」

他就讀百克里音樂學院（Berklee College of Music）的目的，是為了將來成為音樂方面的工程師。然而他入學後，立刻被爵士的魅力所吸引，想要將心力投入在演奏上。入學一年後，在決定未來方向時，他選擇進入職業樂手科而非工程師的科系，打算未來以爵士作為自己的專業，三年後也順利畢業了。

二〇〇五年畢業以後，三好先生取得音樂相關的選擇性簽證，展開職業樂手的工作。當然，光靠這個並不足以餬口，所以他也會去日本料理店打工。

過了兩年這樣的生活以後，他認為這樣下去不行，應該要在音樂之路上更精進才對，便決定攻讀研究所，並在取得獎學金後進入波士頓隆基音樂學院（Longy School of Music）的研究所。他的父母基本上反對他放棄工程師之路，但當時他已取得成績優異獎，也獲得了獎學金，因此「父母也無話可說，只好勉強容許我這麼做了」。

就這樣，他在二〇〇八年進入研究所，並於二〇一〇年畢業。不過在這段期間內，生活過得相當艱難。由於付不出房租，「我以每個月一百美元的價格，在朋友住的公寓內租了一個兩張榻榻米大的衣櫥，但沒有窗戶真的很難受。」而且，「那個時候，我有時夜不成眠，或是早上醒來覺得呼吸困難、焦慮不安，**對於未來感到惴惴不安……。**」

在這種情況下，他還用每月一百五十美元租借位於地下室的練習室，似乎唯有在演奏的時候才能專注，忘記所有的不安。他努力想讓喜歡的事情成為工作，並以此維生。

「那你心情不好或身體狀況不佳的時候呢？」

「我會跟一起租房子的朋友訴苦，或其他朋友會約我一起去吃飯。」

我記得他當時正在和百克里的學妹交往，便問起這件事，他說：「對方好像不理解我到底在幹嘛，所以大概一年左右就自然分手了……。」

二〇〇九年，他和長年一起待在波士頓的幾個朋友返回日本，以東京的爵士俱樂部為中心展開現場表演的活動。

「他們說再不回來展開活動，我們就愈來愈難在這個業界打滾了。」

安定生活和追求夢想的拉鋸

朋友們陸陸續續結婚，生活基礎逐漸穩固。當時一群在紐約活動過的年輕歸國樂手，開始活躍於東京的爵士俱樂部。二〇一〇年，三好先生決定回國，並在秋天返回東京展開他的新生活。

不過，新生活充滿重重考驗，臨時說要找工作，也很難找到活動的場所。三好先生生性隨和，又無法硬搶他人飯碗，他似乎抱持著船到橋頭自然直的想法，靠著打工維生，偶爾在朋友的表演中擔任臨時樂手，或者兼職教爵士樂理。

雖然也有人想延攬他從事音樂相關的正職工作，但當時三好先生煩惱的是，一旦成為正職員工，之後就無法投入表演活動了。想以職業樂手的身分自力更生雖然困難，但一旦成為正職員工，勢必得放棄一直以來持續在做的事。他對自己的猶豫不決感到困擾，也因為想要在演奏之餘讓生活安定下來，所以內心逐漸產生焦慮的情緒。

這時，他有一位網路行動影音播放公司的承包商友人，委託他協助。因為是他擅長的領域，所以他便接受委託。工作時間很自由，可以在家裡完成，還能兼顧音樂的工作，也賺到一筆收入，一切都相當順利。

接下來大約一年的時間，他的情況頗佳，收入也持續增加，有一次他回到老家，認識當地的女性，便與對方開始交往。他說一開始還考慮要結婚。朋友們的孩子都出生了，也一步一腳印地在職業樂手的世界掙得一席之地。他心想，是時候該做些什麼了。

不過那個時候，他在東京的房租還是由父親代墊的，他沒有自信結婚以後可以撐起一個家，沒辦法對女友說出「我們結婚吧」。對方是能幹的職業女性，她的經濟能力甚至讓她說出：「如果就你一個人的話，我還養得起。」這樣的話。我也曾經請三好先生讓我看他手機裡的照片，女友很漂亮，不過他還是很猶豫，沒辦法跨出那一步。如果要對方來東京和他一起生活的話，那她勢必要重新找工作才行。不過如果要三好先生返回家鄉，他的音樂活動機會就會減少。

那時的三好先生相當消瘦，一方面他的內心很焦慮，另一方面他的飲食也不規律。在表演中擔任臨時樂手和打工讓他的生活節奏混亂，再加上原本很順利的行動影音工作，收入也逐漸減少。因為競爭太過激烈，他卻只能利用工作之餘的時間，實在無法長期維繫下去。

「其實今年是我最關鍵的一年。」三好先生接著說：「我在二十一歲時前往美國，在那裡待了十年。本來一直覺得自己才二十幾歲，但真的一轉眼就三十六歲了。」然後他告訴我，上個月已經和女朋友分手了。

「雖然隔天還有表演，但我已經無法思考，完全不曉得自己該怎麼辦才好……。」

女朋友和他同年，想在結婚以後盡快生小孩。後來女方傳訊息給遲遲無法跨出結婚那一步的三好先生，說自己沒辦法再這樣耗下去了，可是他卻無法開口要對方再等他一下。

「其實，我父母也說今年不能再金援我了，還問我要不要回去繼承家業，試著做做看音樂以外的工作。」

保持「自己步調」的優缺點

三十幾歲的你，曾經因為焦慮而感到不適嗎？你曾經羨慕過同儕嗎？在跟我交談的過程中，三好先生從未流露出對他人的羨慕或憤怒等情緒。

「因為我不太會……刻意去跟別人比較……。」

三好先生有一群好夥伴，以前一起在波士頓的朋友生了兩個孩子，工作方面也進展得很順利。一般而言，不管是再好的朋友，多少還是會產生羨慕或嫉妒的情緒，但他從來不會這樣，一直跟朋友維持著良好的關係。

不與人爭，不比較，按照自己的步調而活，這是減輕壓力的重要因素。不過像三好先生這樣的人格特質，或許不適合當職業樂手。

我曾經去現場聽過三好先生的演奏，在演奏時，他完全像變了一個人似地，非常有震撼力！不僅一起聆聽的女性表示「真的很帥」，他的實力也不在話下。不過要得到演奏的機會，首先必須讓更多人聽到自己的演奏才行。因為沒有人會幫自己做行銷，一定要積極主動地毛遂自薦，例如去別人的表演場合，在結束後請對方讓自己演奏一曲等等……這就是三好先生做不到的事。

「如果要自我分析的話，我覺得自己太缺乏欲望了，應該要更積極地站出來才對。我想自己之前也蠻天真的，父母也一直提供援助……，但老爸也已經七十二歲了。我認真的思考要在今年底之前決定未來的方向，究竟要留在東京還是回去？要腳踏實地生活而不靠爵士樂吃飯嗎？」

以喜歡的事情維生，有它困難的地方在。如果要以音樂為業，除了必須懂得演奏，還須具備其他要素。能夠坐等工作上門的音樂家，應該只有極少數的幸運兒吧！

雖然三好先生的生活艱難，而且如果只看經濟面的話，自立基礎也不穩固，但他這種不與人爭、不善妒的性格，卻是人生在世很重要的一種特質。**若能活用這種特質構築自己的生活，相信他一定能夠再度在音樂的世界開啟新的扉頁。**「今年，我會在剩下的半年盡全力衝刺。」但願說出這句話的三好先生，明年能夠做出一個最好的決定。

處方 14

你的人格特質，是優點、也可能是缺點。尋找可以發揮特質優勢的地方，人生一定會有新的轉機。

以馬斯洛需求理論分析內心的渴望

從需求金字塔中確認「不滿足」的層次

如果讓你回想一下，從小時候到現在，分別渴望獲得什麼樣的東西，相信你會更能理解心理學家馬斯洛的需求層次理論。接下來，我們就以佐田先生、山岡先生和三好先生的案例作為參考，結合馬斯洛的理論一起思考看看。

佐田先生的情況是大學畢業、就業、考取證照、在社會中立足、在公司獲得肯定，然後登上專業領域教學的自我實現階段。**就在這時，社會經濟結構改變，於是突然之間，連社會需求的層次都變得岌岌可危**。一言以蔽之，過去好不容易努力累積的成果一夕崩塌，從這句話就能清楚知道他的壓力有多大。

在山岡先生的案例中，我們可以預見的是，他雖然獲得社會的肯定、得到名譽，也累積了大筆財產，**但在摸索更高層次的需求過程中，他對於過去一直壓抑的、未獲得滿足的**

「愛」的需求卻開始萌芽。

如果能夠找到一個活出自我的方向，相信渴望感就會逐漸消退，但或許適合山岡先生東西，早已被掩埋在失去母愛的少年時代之中，因此當他望向被掩埋起來的東西時，也有可能同時想起當年失去的愛。

三好先生的情況，**則是因為在到達尊重需求層次以前，優先滿足了自我實現需求**，所以才釀成問題。

自我、社會、尊重——排出你的需求順序

我希望各位回顧一下自己的人生。男性的讀者應該有很多人從小倍受期待，經常被耳提面命「因為你是男生」，所以要好好讀書，未來才能找一份好工作。也有人因為身為男性，所以大家都說「你不養家不行」，連自己也有同樣的想法，結果就不得不選擇一條與自己想做的事或本來的志趣不相符的出路。

為了獲得安定的生活並且在社會上占有一席之地，男性生來就背負著達成維持安定生活的資格或條件的宿命。就像前文介紹的大學生中田同學的案例一樣，「雖然完全沒興趣，但為了在社會上占有一席之地」，選擇進入好的大學和企業，放棄自己原本想做的事或自己真

正有興趣、可以投注熱情的事，轉而為了可以得到結果的事情而努力。這雖然是獲得安定、滿足社會需求與尊重需求的必經之路，但在抵達自我實現需求層次之前的忍耐也是必須的。

另一方面，三好先生的情況則是確實地活出自我，也清楚知道自我實現的方向在哪裡，但同時也有安定或社會需求層次不夠穩固的壓力。

我想請各位在此根據馬斯洛的理論，再次確認自己的需求層次。以我為例，小時候我喜歡閱讀、寫作、跳舞、調查地方上流傳的風俗、爬蟲類、鯊魚、古墳、金字塔，還有小動物，所以我曾經想過，將來要成為小說家、現代芭蕾舞者或是考古學家等等。

不過，家父在戰時前往廣島投入志工活動，因此遭到原子彈爆炸波及，後來罹患嚴重的肺結核，無法全神貫注在工作中，只好在橫濱的下町勤勤懇懇地經營一家小型耳鼻喉科醫院。因此，我從小就在父親的叮嚀中長大，他總說：「我們不曉得能活到什麼時候，所以妳要成為一個能夠自力更生的人。」換句話說，他要我先追求安定並且在社會上取得自己的一席之地。

如果他當初要我隨心所欲地活出自己的人生，或許我現在的人生會截然不同，但在「必須自立自強」、「一定要學習獨立，父母不會提供支援」的狀況下，我選擇了一份即使身為女性、也能像男性一樣自力更生的工作——成為一位醫師。

為了在醫療的領域裡獲得一席之地，我考取國家證照，其後為了在大學醫院裡獲得一席之地，我進一步取得醫學博士的學位。為了擁有自己的職場，我開設了診所，也重回大學醫院獲得另一個職場——這些都是「尊重」層次的需求。

「不滿足」的感覺如影隨形

相信在醫療領域之外，應該也有很多人像我一樣，持續在自己的專業上開疆拓土。從高中或大學畢業後，進入各家企業、努力提升職位；只要上面還有發展的空間，就會想要爬上更高的位置，這就是「尊重需求」。**追求收入或地位等外在條件的需求，即使需求再大，也只會停留在尊重需求的層次。**

當需求層次停留在尊重需求時，內心就會莫名有種不滿足的感覺。明明獲得了地位，卻無法感到滿足；明明收入頗豐，卻總是感到欲求不滿，這是因為人沒有活出自我原本應有的面貌。

為了能夠獨當一面地在社會上立足，人們會先選擇一種人生，不多花時間在摸索方向上。不過，一旦選擇了某種人生，並努力讓自己的人生開花結果，等於是放棄了其他人生的可能性，或者是活在當下而抹煞了其他人生的可能性。

自我實現需求是畫畫的人，即使成為上班族，還是會感到些許不滿足；自我實現需求是音樂家的人，即使成為老師，還是會有種莫名的空虛感；自我實現需求是研究員的人，即使成為政府官員，還是會感到不滿足。即使擁有高社會地位、名聲、高收入，又住在氣派的房子裡，這些人還是會產生「為何如此空虛」的念頭。因為一味地追求社會的肯定，把獲得地位當作自己的目標，而不去傾聽自身最原本的渴望，不追求自己的志業，所以內心才無法獲得滿足。

在醫療進步、平均壽命也屢創新高的現在，走投無路的男性因為在從尊重需求進階到自我實現的過程中沒有可以效法的對象，所以可以說是正處於彷徨失措的狀態中。

就像從前的女性要從「賢妻良母」進階到下個階段的自我實現，必須經過一段徬徨摸索的過程一樣，男性也正在經歷這樣的痛苦。不過「男性必須撐起家庭」的心理束縛，確實會持續阻礙男性跨入自我實現的階段。從結果來看，男性會一直停留在尊重需求的層次，並且為了掩蓋內心的鬱悶憤怒，不斷追求更大的名聲或來自周圍的肯定。

重拾一度被放棄的第二人生

那麼具體而言，怎麼做才能擺脫這種尊重需求的輪迴呢？首先，對於目前已經建立起的地位或在社會上的立足之地，應該在妥善維持現狀的前提下，停止追求更高的地位或收入等外在條件，試著將向外追求的精力轉移到別的東西上，也就是選擇一個過去被抹煞或放棄的「另一種人生」，試著讓你現在的人生更錦上添花。所謂的錦上添花，就是投入一件能讓你在過程中找到喜悅，「不必藉此獲得收入」、「不必藉此獲得肯定」也「不必藉此創造成果」的事。

舉例而言，自我實現需求是畫畫的人，如果平常的身分是上班族的話，就在週末或下班後騰出畫圖的時間，即使時間很短也無所謂。等到畫作累積到一定分量以後，如果能舉辦一場個展，應該也很有意思吧！音樂和研究也一樣。有些人可能會說，那不就是業餘的興趣而已嗎？那只是在自我滿足吧？但這跟興趣大不相同，我希望你別太早下定論。

從過去自己放棄掉的人生中取出一種，加進現在的人生時，關鍵字就是「**過程重於結果**」。需要的不是因為結果而受人稱讚，而是進行的過程、努力的過程沒有痛苦，再辛苦艱難也感到快樂的事情。做自己喜歡的事情，即使會遭遇困難，也不會感到痛苦。這就如同被迫熬夜工作很痛苦，但如果是為了去滑雪而熬夜搭夜間巴士，即使辛苦也不會感到痛苦的道理一樣。

不討厭正在努力的事情，反而很享受其中，是邁向自我實現的第一步。過程中的自我滿足是理所當然的，無論結果如何，**對自己正在做的事感到滿足**，是最基本的必要條件。即使別人說你「又不擅長那件事，做了也是浪費時間」或「不會還偏要做」等等，也絕對不能輕言放棄，因為這就是邁向自我實現之路與興趣不同的理由。

追求結果或過程，意義完全不同

興趣完全是追求自我滿足的世界，只要自己滿足即可。不過在邁向自我表現之路的後面，還有邁向「自我超越需求」之路。馬斯洛在晚年提出比「自我實現需求」更高層次的需求，就是「自我超越需求」。這種層次的人生，是在以最真實的姿態活出自己的人生之後，超脫自我（Ego），將自身行為貢獻給他人的福祉。這種想法對心理學中的超個人心理學（Transpersonal Psychology）領域帶來很大的影響。

接下來，我以前文的「畫畫是自我實現」為例來思考，用更具體而簡單易懂的方式說明何謂「自我超越需求」。

上班族S先生開始在每週末畫畫，這是他從學生時期到現在第一次重拾畫筆。他偶爾會去繪畫教室上課，而且他很開心的發現自己畫得愈來愈好。有時他還會去看看展覽，在畫畫的時候，他可以遇見另一個不同於上班族身分的自己，也可以突然注意到以前沒發現的一些想法。幾年之後，他收集所有作品舉辦個展。不過這並不是為了販賣畫作，反而像是邀請朋友來欣賞的一場聚會。

結果與S先生的朋友一同前來的友人，看中展覽中的一幅畫，無論如何都想買下來；S先生分毫不取，直接送給對方，因為他畫畫不是為了賺取收入。後來，某位醫院院長看到S先生贈出的畫作，循線委託他畫一幅畫掛在候診室的牆上，S先生免費接下這件委託。之後，他在那間醫院開設了繪畫教室，開始教住院病患畫畫。S先生的人生應該可以說是達到滿足自己、也滿足他人的自我超越層次了。

不僅成就了自己，也超越自我為他人貢獻，而且不求任何回報或報酬，根據馬斯洛的說法，能夠達到如此高層次的人，僅占所有人口的百分之二左右。他們為人謙虛、富創造力、能夠多面向思考，但乍看之下，外表與行動皆與常人無異。

在本書的讀者中，或許有人會認為「那S先生一開始就當畫家不就好了嗎？」當然，他確實有可能以畫家為本業，藉此達到自我超越的層次，只是在以職業畫家身分追求生活安定，並在社會上尋找自己的一席之地的過程中，如果人生目標不知不覺從自我實現變成追求地位與收入的話，反而會離自我實現愈來愈遠。

以自己喜歡的事情為業是一件好事，但你追求的是地位、收入等外在條件？還是因為過程能滿足自己？懂得判別二者是很重要的。

可惜的是，就算是自己喜歡做的事，努力不會成為一種痛苦，對過程也感到滿足，但是，最後能夠以喜歡之事當為職業，還是非常罕見的。能夠做到這件事的人，僅限於超乎常人的天才，而且還要能夠持續前進，不會停留在追求地位或收入的尊重需求層次。

不過，要達到自我超越層次並不是什麼特別的事，我反而覺得，**乍看之下愈普通的人愈容易達成**。我認識一位男性美髮設計師，他非常喜歡做甜點，當初還特別出國前往好吃的店進行研究，久而久之他自己也開始烤餅乾，還會包裝得漂漂亮亮的分送給大家。他在美容院的時候，會趁假日邀請育幼院的孩童來，免費替他們剪頭髮，為了讓孩子們開心，他現在偶爾還會跟小朋友們一起做餅乾。這也是一種自我超越層次。

要達到這樣的層次，首先必須奠定生活基礎，在社會上獲得一席之地，因此在達到那個層次之前，不被壓力擊垮是基本條件。從這層意義上來說，如果人生的目標是追求達到「想要賺取高收入，獲得大家的稱讚」的尊重層次，那就很容易持續追求地位而不前往下個階段，或是為了地位或收入而欺騙自己的心。

分給「想要做」的事情一點時間

現代的社會，每週要工作四十小時，很難保有自己的生活。在這種難以達到尊重需求層次的狀況下，人其實無法過著享受自己的人生並超脫自我為他人貢獻的生活。先不提尊重需求，很多努力打拚的男性都陷入了想工作也沒地方工作，或是即使在工作也無法維持一定生活水平的困境。

在這樣的情況下首先要做的應該是，**在不與他人比較的前提下，釐清「我有哪些東西就足夠了」等食衣住行的水平**，然後研究如何工作才能獲得那些條件並加以實行。我要如何在社會上立足？我要住在哪裡？食材要在高級超市買嗎？還是一般的就可以了？衣服要穿亞曼尼的嗎？還是都可以呢？我要維持自己的生活，需要什麼樣的基本學歷、訓練、證照或進修課程呢？為此，我需要去哪所大學？向哪個教授學習？像這樣建立願景，思考未來方向，同時想一想哪個領域能讓自己享受過程，應該是很重要的。

我認為這件事情對未來的年輕人尤其必要。男性在長大成人的過程中不斷被灌輸「努力考上好的大學和一流企業」與「攀上最高的地位賺取收入」是唯一選擇的觀念。可能有人會想，事到如今說這個也來不及了，但現在知道絕對不晚。

如果你已經超過四十五歲，我希望你在現在的生活中，重拾一點過去捨棄掉的人生；如果你還不到四十五歲，我希望你一邊建立你的生活場域，一邊思考完成以後的下個步驟。至於什麼樣的努力過程是能夠享受其中而不討厭的呢？很多時候，答案就藏在你小時候還不會「與人比較」時「熱衷於完成」的事情裡。

如果說想不到有什麼熱衷的事，或從小就沒什麼喜歡的東西，或許是因為你從小就被灌輸「必須這樣做」的觀念，所以一直壓抑心中「想要這麼做」的欲望。在這種情況下，為了把焦點從「必須這樣做」轉移至「想要這麼做」，我想你可以騰出一段時間，試著停止「思考」。

具體而言，**最快的方式就是從身體開始**。在空氣清新的地方稍微慢跑或伸展一下，很多時候當身體放鬆了，內心就會突然蹦出一些想法，我希望你務必從這樣的一小步開始。

Chapter 5

兩性關係——

結婚是幸福的開始或是人生的墳墓？

案例14

結婚二十年，太太好像變成另外一個人

愛抱怨、變焦慮，太太是更年期到了嗎？

橫山房雄先生（化名，四十幾歲）說他大概是從十年前開始，下班後不想馬上回家。他在二十八歲那年，順利與小自己五歲的女同事結婚。剛結婚時一切都還很順利，但一年後孩子出生以後，太太的態度就變得很鬱悶。

他討厭聽到太太愈來愈常發牢騷或抱怨帶小孩有多辛苦，自己的工作也愈來愈忙碌，他開始以工作為由，有時與同事晃去居酒屋，有時去練習剛學不久的高爾夫，當作回家前的一種調劑。

橫山先生任職於產物保險相關企業，原本就是一個很努力工作的人，因此他逐步晉升，順利地建立起他的專業。只是與太太的溝通總讓他有種焦慮的感覺。從結婚以來，太太始終很愛發牢騷，每次想起很久以前的一件小事，就開始對他抱怨，這令他感到厭煩。

他說太太在職場上的時候，完全不是這樣的人，結婚後才發現她性格上囉唆的一面，甚至有過「早知道就該多考慮一下再結婚」的念頭。話雖如此，家事和教養全都丟給太太負責，所以他覺得自己也沒資格多說什麼。

週末會陪太太一起去購物，暑假或連假時也會規畫出外旅行；每到太太的生日，一定會送她昂貴的名牌禮物，還會預約時下最具話題性的餐廳。**橫山先生自負地認為，自己已經做到身為丈夫應該做的事，收入也比同年齡層的男性高出許多，因此他很有自信。**

不過大概從一年前開始，他發覺情況變糟了。太太在女兒考大學的期間一直很焦慮，但焦慮的矛頭完全不指向女兒，反而常常指向橫山先生。考試結束後，女兒順利考上地方上的一流大學，但太太卻開始因為總是一起行動的女兒要離家，心情常常起伏不定。橫山先生一回到家，太太就開始盤問他晚歸的理由，或是責備他沒有為女兒的考試盡一分心力。

從「你根本完全不顧家裡的事」、「我不懂你為什麼每天都這麼晚回家」，到好幾年前在橫山家的親戚聚會上發生的不愉快，她都可以拿出來講。橫山先生總是選擇默默地逃離現場，盡量避免刺激到太太。

這樣的日子持續一段時間以後，問題終於爆發了。橫山先生有一位親戚過世，由於老家在地方上是有頭有臉的家族，因此橫山夫婦也必須回去幫忙才行。不喜歡與親戚交際應酬的太太也一起同行，但當他們要從新幹線轉乘其他鐵路時，因為轉乘不順，以致於兩人稍微遲到，橫山先生為此指責太太，導致太太的情緒爆發。

「還不都是因為你每次都讓我為你那邊親戚的事忙得暈頭轉向，才會遇到這麼討厭的事！」

太太大呼小叫著，一拳揮向橫山先生。他試圖抵擋太太的拳頭，卻不小心讓她的手撞上房間的牆壁，太太大叫著「好痛！」，然後哭了起來。橫山先生把太太安置在房間深處的椅子上，叫她別哭到讓房外的人都聽見。他心想，太太哪裡不大對勁，或許是更年期的關係，也有可能是最近很多人在討論的人格障礙，最好讓她去看醫生——他決定回家以後立刻帶太太去求診。

薪水都拿回家的先生，哪裡做錯了？

「我太太不太對勁，我倒是一點問題也沒有。」

橫山先生就診的時間，是親戚葬禮結束的半年以後。他回家以後，立刻對太太說：「妳情緒起伏不定，感覺有點奇怪，最好去看醫生。」結果太太先是大發雷霆，接著說：「奇怪的是你！」

由於太太之後不再跟他說話，即使他主動開口也不理不睬，因此橫山先生故意很晚回家，結果這次他回到家的時候，太太竟然用公事包打他。橫山先生對太太說：「講清楚，為什麼妳變得脾氣這麼大又對我動手動腳？」太太氣憤地回答：「你老是用以上對下的口氣對我說話！」

橫山先生在女兒離家去讀大學以後，曾建議太太要不要試著找一份兼職之類的工作，之後她一直拿這件事情說他「用以上對下的口吻指揮她」。附近牙科診所在招募櫃檯人員，他建議太太「做這個也不錯啊」，沒想到卻激怒了她。

橫山先生說他差不多已經無計可施，「感覺處處碰壁」。他自己似乎完全沒有打算到身心科進行諮詢。後來之所以會來諮詢，是因為剛好有一場針對管理者舉辦的心理相關講習會，身為管理職的橫山先生出席了那場講座，與我交換了名片，所以才促成這件事。

站在管理公司部屬的立場上，橫山先生做過很多功課，他詢問太太是不是有人格障礙？是不是因為更年期加上孩子離家後的空巢期的關係？

「您平常會與您的太太溝通嗎？」我問橫山先生。

「我會聽她說話啊，可是她每次都愛翻舊帳！比如發牢騷說『我之前和你去親戚那裡的時候，被他們說了很難聽的話，我都忍下來了。』就算我對她說『妳現在講這個又有什麼用？』她也聽不進去。我跟太太說，要是當下覺得討厭的話，事後馬上告訴我不就好了嗎？」

「而且她還會說：『我髮型改變的時候，你都不會注意到，我替你煮飯燒菜，你也沒說過半句好吃，你從來就不肯誇獎我。』或是『孩子在考試的時候，你都沒幫忙。』之類的話，我就會回應她：『那種事情不可能三不五時掛在嘴邊吧？我本來就不是會動不動就說食物好吃的人，雖然難吃的時候我會說難吃，但只要我在吃的時候覺得好吃不就夠了嗎？』天底下每一對夫妻在結婚幾年以後，本來就不會注意到髮型，就算注意到了也不會稱讚好嗎？又不是在演電視劇。**工作這麼忙，要注意這麼多事，如果連回家都要花心思討好老婆的話，誰受得了啊！**我就告訴她：『我這麼認真工作，賺給妳足夠花費的收入，放假還陪妳去購物，如果這樣妳還想要求什麼的話，我真的沒辦法做到。』」

「我也跟她說，她應該是因為待在家裡沒事做，才會胡思亂想，把自己搞得這麼焦慮，幹嘛不利用白天去做一些自己有興趣的事呢？」

自以為是的體貼，也是一種冷漠

我非常在意他們夫妻倆的溝通，對太太來說，「不被關心」和「不被感謝」的狀況，是很痛苦的。太太之所以愛重提舊事、抱怨連連，其實也反應出她「希望你懂我，希望你看著我」的渴望。或許是因為橫山先生做事太講究邏輯，以致於他們的溝通簡直就像主管在面對部屬一樣。

如果變成「先生當然要負責賺錢」、「太太當然要負責家事」的情況，雙方關係惡化是很常見的事，很多夫妻之間的溝通不良就是從這裡開始的。

男性很容易以為，自己只要負責工作、放假陪太太去買東西、帶小孩去遊樂園、帶家人一起去旅行，就可以算是很完美無缺的丈夫了。不過《他需她要》（*His Needs, Her Needs: Building an Affair-Proof Marriage*）的作者暨心理學家小威勒哈利（Willard F. Harley, Jr.）曾說，男性對妻子的要求與女性對丈夫的要求不同。

他說，男性對妻子最首要的要求，就是希望對方是一位有魅力的女性，但女性最首要的要求，卻是希望丈夫的表現能讓自己有「被愛」的感覺。雖然美國與日本的排序或許不盡相同，但兩性對另一半要求不同，這一點應該是共通的。

即使男性認為自己是在為妻子著想，那也只是在做「自己想做的事情」而已，不見得是在做「對方希望自己做的事」。如果不好好傾聽對方說話，是不可能知道對方希望自己做什麼的。

「你的太太之所以翻舊帳，不是因為她希望你對那件事再做些什麼，說不定她只是希望你能安慰她一句：『這樣啊，真是辛苦妳了。』很多時候你只需要說：『我應該先跟妳說明才對，考試那時候我沒辦法幫忙，是因為我工作上剛好碰到一堆事情，自己也忙得焦頭爛額。』這樣講她其實就會滿足了。」

曾經有許多女性找我諮詢，我站在那些太太的立場，試著整理出一些她們希望聽到的丈夫回答，給橫山先生參考，不過，他似乎不太想聽這些內容。

「可是啊醫生，我們的情況有一點不一樣！妳說，如果太太那樣講、我就這樣回答，可是她完全聽不進我說的話！我太太根本沒打算聽我說什麼。」

我好奇的是，橫山先生又是否有心想要了解太太的感受呢？只是他本人如果沒有意識到，就不可能會採取行動。橫山先生最大的希望，就是想辦法讓他的太太來就診。

話雖如此，在本人毫無就診意願的前提下，醫生也無權干涉，因此我向橫山先生提出一些建議，例如耐心傾聽、多找機會一起出門或吃飯，如果想讓對方接受診療，不要突然就要求她去精神科或身心科，可以先從附近的家庭醫生或全家一起去做健康檢查等方法開始。

持續無效的溝通而引發的家庭暴力

之後有半年的時間，橫山先生都沒有聯絡我。再一次見到他的時候，他完全變了一個樣，讓我嚇了一跳。他毫無生氣，臉色蠟黃，簡直判若兩人。以前他總是穿得西裝筆挺，但現在不僅頭髮凌亂，臉上還可以看見些許鬍渣。他說在我們最後一次見面之後，他太太還是一樣愛發牢騷，因此他總是盡量能躲就躲。下班一樣會先在外面東晃西晃打發時間，而不會馬上回家。

每天回到家的時候，太太都已經睡了，所以他才能夠鬆一口氣躺上床，但當他靠這樣的生活維持穩定狀態一段時間以後，在某個晚歸的夜裡，他才剛洗好澡躺上床，就感覺到手臂傳來一陣強烈的痛感，痛得他不禁坐起身來。原來是他太太跑進寢室，用吹風機打他的手臂。不僅如此，太太還想把吹風機丟到他的臉上，橫山先生只好推開太太的手臂、試圖躲避攻擊，沒想到太太卻應聲撞上牆壁，倒地不起。他見太太毫無反應，便趕緊叫了救護車。

「雖然傷口並不嚴重，只是挫傷而已，但是……」

讓橫山先生備受打擊的是，他被懷疑對太太家暴，在醫院被盤問了一陣子。從那次事件開始，他就一直處於夜不成眠、食不下嚥的狀況，工作上也犯下嚴重的疏失，太太則因為受傷太過驚嚇，一時之間不敢輕舉妄動。他們雖同處一個屋簷下，但儼然已經是分居的狀態。

不過，橫山先生認為這種狀況並不好，為了把話講開，便向一家餐廳預約了週六晚上的位置。因為他實際體會到，若是家庭不和樂，職場上也不會有好表現的感覺了。對於那間位於市中心飯店內的義大利餐廳，太太一開始也很喜歡，後來卻說：「我最近都沒有添購適合穿來這種地方的衣服。」由於橫山先生並不想談論這樣的話題，便回答：「我們又不缺錢，妳想買就買啊。」結果，「她就說我們還要寄生活費給女兒什麼的，聽得我也開始有點煩躁了，所以我就脫口而出『我們今天不是來講這個的』，於是情況又變糟了。」

讓休息成為再出發的機會

最後，他們在尷尬的氣氛中結束晚餐後回家。他和太太繼續維持在一個屋簷下的分居狀況，太太的暴力行為也以每週一次的頻率持續發生。有一次，橫山先生被平底鍋打到手臂瘀青，那一陣子他都無法穿短袖襯衫；他的身體狀況也變差了，開始出現血壓急速上升和暈眩等症狀。在公司也因為持續犯錯，導致信用愈來愈差。他覺得累積至今的成果好像全都化為了泡影。

橫山先生陷入憂鬱的狀態，不僅暈眩症狀惡化，還對通勤感到不安。由於他一向沒有與他人商量的習慣，因此也無法將自己與太太的事向旁人商量或尋求協助，他似乎也覺得這樣很難堪，不想被旁人認為自己無法處理好家務事。來診所就診的時候，看起來也是因為實在撐不下去才來就診的。

他當下最需要的是休息，但家裡的狀態如此，實在不可能安心休養。因此，為了控制血壓與治療暈眩症狀，我建議他住院。我提出的方針是先調養好身體，讓家庭關係暫時恢復冷靜，以休養身心的方式作為重新出發的契機。橫山先生評估狀況後，覺得依自己的狀態無法繼續待在家裡，便同意了我的方針。

橫山夫婦沒做完的功課還很多。過去幾十年來，橫山先生都把家裡的事情丟給太太，從來不與對方溝通，太太也一直把各種情緒都堆在心裡，直到孩子長大以後問題才浮現出來。

你的習以為常建立在對方的忍耐上

最近有愈來愈多妻子對丈夫施暴的案例，根據日本警察廳的調查，二〇一〇年的家暴案件中，男性受害者的比例是百分之二・四，但二〇一四年已增加四倍之多，比例達到百分之十・一。暴力行為是欲求不滿的爆發，當一個人持續處於無法表達情緒的狀況下，內心的憤怒等情緒不斷累積，累積到極限的時候，就會轉變成暴力行為。遇到這種情況時，不能只是試圖抑制暴力而已，應該要嘗試了解被壓抑在暴力背後的情緒，但多數情況下都沒有得到適當的處理。

根據日本內閣府的調查，高達百分之七十五・四的男性，即使遭到配偶的暴力對待也不會向任何人商量。相對於女性的百分之四十四・九，不與他人商量的男性顯著較多。排名第一的理由「不覺得這種事情需要向人商量」占百分之六十四・二，其次的「因為覺得自己也有不對的地方」占百分之三十三・三。

對於妻子的暴力，丈夫之所以會「認為不是什麼大不了的事」，我想，實際上背後可能隱含著「**不想把那當成是什麼大不了的事**」的想法。長年下來，即使注意到與妻子之間的問題，也總是若無其事地裝作沒看見，我認為這是一種婚姻生活的扭曲現象。

不過對於這種扭曲，我們沒有必要非得把它視為一種負面現象。相反地，讓問題一次浮上檯面以後，再重新整頓日後的婚姻生活，可能是最好的辦法。

橫山先生出院以後，我們曾見過一次面。他很乾脆地剪短了頭髮，模樣看起來相當沉穩。他說太太也開始治療更年期，現在情緒很穩定。

「那是我第一次住院。」橫山先生苦笑著說。我想，這是他的身體發出了「讓我休息」的悲鳴。在遭遇妻子暴力相向後，丈夫不由自主地反擊，結果造成對方受傷，這樣的風險由於之前也發生過，因此由此即可判斷，日後還有再度發生的可能性。面對所謂的危機，必須準備好萬全的預防對策才行。

我一邊心想，但願橫山夫婦能在未來的某一天，笑著回顧說：「那真是一段辛苦的日子。」一邊也為橫山先生的康復鬆一口氣。心理學家榮格（Carl Gustav Jung）說，**夫妻邁入中年以後，就進入了重新檢視過往關係的時期**，顯然這個年紀在摸索日後夫妻關係上也是壓力最大的時期。

處方 15

正因為中年夫妻在一起的時間長，更需要重新檢視彼此的相處方式，以往視為理所當然的，或許是對方忍耐之下的結果。

夫妻相處的重點都在日常小事

兩種糟糕的溝通方式，一定要避免

夫妻間的溝通不良大多是從很瑣碎的小事開始的，不過追根究底來說，那些瑣碎的小事都是來自先生認為「妳是我太太，這點小事應該要知道」的心態，和太太認為「你是我先生，這點小事應該要知道」的心態。如果換作別人就不會在意的事，只因為妳是我太太或你是我先生，就會在意到對對方發脾氣的程度。

最壞的情況是先生採取「沉默」策略和「逃避」，不發一語地打開電視，打開電腦，太太跟自己說話也毫不回應。這是一種拒絕對方的表現，因此如果是自己選擇採取這種反應的話，就應該要做好打長久戰，或者被摔東西在身上的心理準備。

逃避也是，每當快要吵起來的時候就選擇逃避的話，彼此的關係將會持續處於冰點。很多男性誤以為，逃避是給雙方一個冷卻的時間，但妻子在丈夫逃避的期間，只會不斷回想起過去發生過的爭執，結果反而愈來愈生氣。此外，妻子想要談話的欲望一旦被單方面拒絕，怒氣也會更加上揚。

第二糟糕的反應是「You Message」，如果以你為主詞，妻子就會產生被責備的感覺。「妳之前不是那樣講嗎？」「因為妳那樣，所以……。」妻子如果聽見丈夫用這種語氣說話，就會有種被責備的感覺，並出於自我防衛的心態提出反駁，雙方的摩擦就會愈演愈烈。

那麼丈夫究竟該怎麼做比較好呢？要避免溝通不良，其實並沒有那麼困難。只要平常稍微多花一點心思，就不至於演變成溝通不良的結果。為此，有幾點妻子的心理是男性必須事先了解的。

改變三種關鍵心態

第一點是，不要想用金錢或物質解決。不能像橫山先生那樣，以為太太生日只要送名牌禮物，然後自己收入很高就夠了。重要的是無形的東西，例如包含心意的一句話，或讓對方感覺得到慰勞之情的態度。

你是不是認為太太平常做的事情，「本來就是身為妻子應該做的」呢？家事、育兒、大大小小的雜事……。雖然你有在工作，但是你之所以能夠出外工作，是因為太太在家裡照顧小孩、收宅配包裹、煮飯燒菜、添購日常用品，還有其他種種瑣事。**如果能夠對這些事情懷抱些許感謝或慰問之意，而不視為理所當然，相信你的妻子也會對你在工作上付出的辛勞懷抱感謝與慰問之情。**只要有一人改變態度與行動，就會對家庭關係產生大幅的影響，妻子的態度應該也會轉變才是。

第二件必要的事是關心對方。好好地把注意力放在太太身上。女性只要稍微改變洋裝、髮型或口紅的顏色，就會改變心情或提高動力。無論妻子做了什麼改變，丈夫不僅從未發現，甚至根本不願好好正視對方，這樣的丈夫就是讓妻子感到失落的罪魁禍首。雖然很少有丈夫會好好看著太太，並偶爾美言幾句，但擁有這種丈夫的妻子都很珍惜自己的另一半。

以前曾經有一位比我年長幾歲的醫師前輩來聆聽我的現場表演，我碰巧在休息室裡聽見他對太太說：「妳今天的洋裝很好看，很適合妳。」那位醫師的太太即使已經年過六十，依然風韻猶存，而且非常尊敬她的先生。**只要對太太保持關心，並適時表達出來，雙方的關係就會改善。**

第三項是「無法幫忙的時候，一定要慰勞對方」。兒女的學校參觀日、親師會活動、監護人面談、考試的支援、幼稚園或學校的接送等，每一件都是工作時無法兼顧的事。平常都是交給太太處理吧？應該沒有辦法幫忙才對。工作忙得沒有時間，假日又累得精疲力盡。沒辦法幫忙也是無可奈何的事。

不過如果把沒辦法幫忙視為「理所當然」的話，就會導致溝通不良。對於無法幫忙的事實，我希望各位能抱持「真是不好意思」的心態，然後在當天對太太說一聲：「辛苦妳了，讓妳一個人處理真是不好意思。」

可以的話，最好再問一句：「今天狀況如何？」妻子一個人完成那件事，應該會有想要和先生分享的內容。如果太太知道你關心她、想要知道當天發生的事，應該會感到很開心。很多男性都不曉得該如何開口說出這樣的話，不過丈夫一旦採取「太太做這些是理所當然」的態度，妻子應該也會採取「先生忙於工作是理所當然」的態度。

光靠物質無法解決夫妻問題，改變語言與心態，才是不可或缺的解決之道。

案例15

忙於工作而疏於溝通，錯過了「那個人」

為了升職加薪，放棄了私人生活

「婚活」一詞是日本社會學家山田昌弘在二〇〇七年提出的新創詞，因為與就職活動的「就活」有異曲同工之妙，所以很快就成為一般的慣用語。「結婚」在不知不覺間變成「結得了婚」，「不結婚」則變成「結不了婚」，這種社會氛圍的快速變動似乎也是從那個時候開始的。

有一回舉辦完企業壓力對策的演講後，我剛好有機會與負責人事的行政人員松村要一先生（化名，四十幾歲）交談。

由於松村先生負責企業內部的人事，因此對於壓力的預防非常有興趣。我向他說明日本醫科大學健檢醫療中心規畫的一系列壓力健檢內容後，他說想親自嘗試性向測驗，便問我能否為他進行解說。

性向測驗需透過一種叫自我圖（Egogram）的心理測驗進行，這種測驗有時也會被應用在教育等領域，作為鍛鍊溝通技巧的輔助工具。透過性向測驗，我們可以客觀地掌握自己的性向（詳見終章）。

松村先生的自我圖測驗結果顯示，他很適合擔任管理職務。他的ＮＰ（代表溫柔或體貼的傾向）很高，自我圖呈現平緩的山形，有這種傾向的人若從事人資方面的工作，應該會讓員工有種很容易與他商量的感覺，沒想到松村先生卻給了我一個出乎意料的回應。

「不，我以前的性格跟這個結果完全相反。」語氣沉穩的松村先生露出了一抹苦笑。「我以前是完全不聽別人說什麼的人。」

松村先生做了很長一段時間的業務，所以一直以來只想著要達成目標，只想著要升職加薪。為了成為頂尖的業務員，他總是犧牲自己的時間，連私生活也全部被工作占滿。經過這番努力的過程，他也如願成為同期進公司的同事中升遷最快的人。

「我本來也有女朋友，但我完全不聽她說什麼，約好的事情也經常放她鴿子……所以，就被對方討厭了……。」

松村先生沉默了一會兒，然後繼續說道：「最後我因為太過操勞，累壞了身體，住院調養了兩個月……。」

只要願意改變，無論何時都不嫌晚

其後，他開始重新省視自己的生活方式。趁著從業務調到行政部門的機會，他開始閱讀工作以外的書籍，這才發現自己之前總是不聽別人說話，性格相當地強硬。

順帶一提，松村先生也做了壓力健檢的其他幾項檢查，看起來他對生活的滿意度相當高，似乎很享受現在的生活。他說他的部屬都很信任他，有事情也會找他商量。而他最後說的那段話，一直在我心中徘徊不去。

「我對工作很滿意，也覺得現在的職位和收入都已經很好了，我的人生中唯一一件後悔的事情，就是沒有結婚。」

他的語氣雖然平靜，但言語間似乎夾雜著嘆息。如今他已經知道什麼才是人生中最重要的事，並懂得珍惜人、與人來往、承擔工作上的責任，我認為現在才是他真正的適婚期。看著身穿灰西裝、整個人乾淨體面的他，我內心默默想著，但願他日後能夠覓得良緣。

處方 16

雖然直到失去了才知道自己的不足，但只要願意面對缺點，並實際改善，任何事情都還有第二次機會。

不結婚也很好的伴侶關係

錯過了最適合結婚的時機

一般認為結了婚才能算是獨當一面的大人，在這樣的社會風氣中，選擇「不結婚」的人，真的就無法獲得幸福嗎？

山田清次先生（化名，六十幾歲）是我認識超過三十年的熟人。在我還是住院醫師的時候，畢業自某大學理工學院的山田先生，因為從事大型健檢中心系統建置相關業務，所以與我結識。後來他一面參與地區新醫院的開設，一面負責醫院的行政業務，而我偶爾會將診所的業務委託給他。即使在我離開診所到大學任教以後，他還是時常會帶女朋友來看我的現場表演，期間我們一直保持聯繫，但我從來沒聽他談及私事。

由於跟他女朋友打過幾次照面，也聽他提過一起去旅行的事，因此我一直以為他們會結婚，但始終沒聽到這方面的消息。這次執筆本書，為了進一步了解男性的壓力，尤其是未婚男性的壓力，因此我聯絡了山田先生，請他接受我的訪談。

「在二十幾歲建置健檢中心那個時候，我也想過乾脆就這樣結婚吧！」

當年和女朋友一起去沖繩旅行時，想結婚的念頭還很強烈，但那一陣子工作剛好愈來愈忙碌，莫名就沖淡了結婚的念頭。後來他的工作地點轉移到地區醫院，而且那裡也才剛起步，所以他整天埋首於工作中。

就在那個時候，獨居於東京近郊的母親，因為失眠和身體疼痛等問題前往醫院就診。母親有嚴重的骨質疏鬆症，而且日益惡化，不到一年就住進醫院了。不過醫院說她已經沒有治癒的可能，母親也無法適應醫院的環境，到後來甚至完全無法進食。山田先生見到自己七十九歲的母親這樣，「我覺得這樣實在太可憐了，想說要走也要走在自己家裡，所以就帶她回家了。」

他在家裡請了一名看護，並委託居家照護醫師定時訪視，他自己則在每週一次的休假日前一天回家過夜，放假就照顧母親一整天，隔天一早再開車去上班。他和他的姊姊協調好，跟看護一起輪流照顧母親。這樣的生活整整持續了十年。

山田先生的母親在四十六歲那年，丈夫因為胃癌過世，從此便獨力撫養兩個小孩長大。

「我從小看著母親那麼辛苦地照顧父親，現在的工作也是兼差性質，就是想要讓她過得開心……。」

山田先生的母親從去年春天開始靠輪椅在住家附近散心。他給我看了他在公園替母親推輪椅的照片。照片中的山田媽媽看起來很開心。

然而去年秋天幫母親洗澡時，她重心不穩滑了一下，導致手腕骨折。此後身體愈來愈差，最後甚至到了無法居家照護的程度。山田先生在千葉的老家附近找到一間老人院，把母親送了進去，如今一切也都安頓下來了。

找到兩人長久相處最剛好的距離和方式

我問山田先生，是不是因為忙著照顧母親，所以錯失了和女朋友結婚的時機，但情況似乎並非如此。他們已經交往三十年以上，兩人的關係很好。對方曾經結過一次婚，也有一份能夠支應生活開銷的工作，她知道山田媽媽喜歡貓以後，還特地帶了貓去他家。

不需要照顧母親時，他們會在工作上安排休假，一起去拉斯維加斯或大堡礁。每個月見面兩次，一起享用美味的食物。偶爾去採採水果、泡泡溫泉。他也讓我看了女朋友的照片，是位保養得宜的女士。聽見我說「她好年輕喔」，山田先生笑說對方只比他小兩歲而已。我再次問他，為什麼不結婚呢？

「如果整天相處在一起，看見很多問題的話，就會忍不住想要干涉對方。我女朋友也是這麼想的。」他說。

我覺得這是一種難能可貴的伴侶關係。這種狀態大概就像法國的事實婚姻。山田先生說為了迎接老後的生活，他接下來想去健身房重新鍛鍊身體，並治療他的睡眠呼吸中止症。

「雖然現在沒有結婚，但以後的事情還很難說啊。說不定有一天我們的想法會改變，所以就到時候再說囉！」

山田先生在去年年初送了我一個帝王鮭的罐頭，那是他前年年末在加拿大釣到的鮭魚。看他能夠在繁忙的工作與照護生活中保有自己的人生，我不禁替他感到高興。

山田先生能夠克服壓力的理由，或許是因為他同時擁有不同的世界，並且在專注於其中的同時，**懂得如何保持適當的距離**，所以「沒有結婚」這件事，才沒有成為他生活中的壓力來源。認識超過三十年以上，我卻第一次這麼深入了解山田先生的人生。

從醫學角度分析「結婚」對健康的影響

社會階層與健康的關聯

結婚對健康有影響嗎？相信很多人都有這樣的疑問。平常也不時會聽見一些傳聞，例如很多男性會在妻子過世後半年到一年以內死亡，或是妻子在丈夫過世後健健康康、長命百歲等等。以下為大家介紹幾則醫學上關於結婚的有趣資料。

社會學家蘿絲（Catherine E. Ross）等人[11]在一九九〇年發表的文獻回顧，促使人們開始關注有關結婚與健康的研究。蘿絲等人在報告中指出，結婚的人比未婚、離別、喪偶、分居（不婚者）的人快樂，死亡率也比較低。日本則有近藤克則等人針對日本的女性（一一九六

11 Ross, C.E., Mirowsky J, Goldsteen K, 'The impact of the family on health; The decade in review', Journal of Marriage and the Family 52: 1059-1078, 1990.

人，二十九至三十九歲）調查結婚與心理健康的關聯，結果顯示在未婚者之中，有憂鬱狀態等心理問題的人，比已婚者高出四・九倍。

此外，近藤等人的另一項調查也顯示，對婚姻生活感到滿足的人，比較少罹患憂鬱症，主要原因包括精神上或情緒上的支持、戒菸或飲食等生活型態在婚後變得更加健康，或是比較容易一起接受健康檢查或早期治療等等[12]。

至於我們的團隊則獲得文部科學省的研究費支援，在橫濱市和栃木縣小山市的協助下，以階層差距與健康為題，在二〇〇九年針對六〇〇四位居民，按性別和年齡分層抽樣，發送關於工作、主觀經濟感受、健康狀態、健康行動（戒菸、定期健檢、酒精攝取、運動均衡的飲食生活）、婚姻狀態、人際關係等問題的表格，並獲得其中一九四七人的回覆。

我們當初會開始進行這項調查，是因為我在二〇〇四年到二〇一〇年所屬的哈佛大學健康傳播研究室教授維斯瓦納斯（K. Viswanath）博士，正在調查美國的階層差距與癌症預防行為，並提出關於貧富差距、教育背景和癌症死亡率之間的關聯報告。

這個研究室的成員包括哈佛大學公共衛生學院與丹娜法伯癌症研究院的研究員，所以不只是醫師而已，連公共衛生學和社會學的研究人員也一同針對各種健康相關要素進行研究，以克服階層差距、維繫人類健康為目的，建立並實行相關對策的實踐模型。

「生活上有個伴」對於身心都有益

二〇〇九年差不多也是貧富差距在日本成為話題焦點的時期，我和當時服務於哈佛大學公共衛生學院、目前是九州大學副教授的錦谷真理子一同進行調查。調查結果發表於二〇一二年的日本健康檢查學會與二〇一三年的日本公共衛生學會總會，並撰寫成論文[13]，以下介紹其中部分的內容。

首先，相較於已婚男性，未婚男性心情低落的比例較高；至於女性已婚或未婚，與心情好壞毫無關聯。

在健康習慣方面，無論是男性或女性，已婚者攝取的蔬果量都多於未婚者。不過在運動習慣或抽菸習慣方面，則與結婚沒有明顯關聯。在癌症健檢方面，相較於未婚男性，已婚男性定期接受檢查的比例顯著較高。

在人際關係的部分，相較於未婚男性，已婚男性認為「有人可以分享自己的真實感受」

---

12 馬場康彥、近藤克則、末盛慶〈結婚と心理的健康——背景としての社会経済的地位〉《季刊　家計経済研究》第五八號，七七～八五頁，二〇〇三。

13 Junko Umihara, Mariko Nishikitani; Effect of Perceived Economics Status on Knowledge about Cancer Prevention, Healthy Behaviors, and Cancer Check-up Rate in Japan. Ningen Dock International Vol.1 No.1 1:47-53, 2014.

或「有人認同並支持自己的行為或想法」的比例顯著較高。

有趣的是，在已婚女性當中，認為「有人認同並支持自己的行為或想法」的比例，與未婚女性並無差異。

由此可以推論，**對於男性而言，結婚能夠給予他們自信**，但在女性身上卻沒有這樣的傾向。或許男性即使在職場上被否定或不獲認可，但只要回到家有伴侶的支持，即可得到一種安心感。另一方面，這也反映出一個事實，就是認同並支持配偶行為的男性很少。這種狀況是否表現出男性在從家庭獲得認可的同時，卻沒有認同並支持妻子，給予對方自信呢？

另外，無論已婚男性或已婚女性，認為可以分享真實感受的對象，回答家人的比例都很高，但未婚男性則是回答「朋友」的比例較高。

對自己不好的人，結了婚也不會改變

最後，我們來談一談已婚男性與未婚男性的生活背景，此處的焦點集中在四十歲到七十九歲的男性身上。

相較於未婚男性，已婚男性擁有大學或研究所學歷的比例較高。僱用型態（正職或非正職）沒有差異，也與職業類型毫無關聯。從主觀的經濟狀態來看，已婚男性回答寬裕的比例較高，未婚男性回答經濟上有困難的比例顯著高於已婚男性。經濟上不夠寬裕的人，似乎有比較不容易結婚的跡象。

這樣觀察下來，如果是未婚男性的話，似乎有必要將「無法結婚」的情況和「不結婚」的情況分開思考。

想結婚卻無法結婚的理由，包括經濟上不夠寬裕、沒有結識女性的機會、工作忙到不知不覺就過了適婚期、害怕接觸女性、不想被人否定或失戀受傷等情況。反之，刻意選擇「不結婚」的情況，應該遠遠少於「無法結婚」的情況。

有趣的是，如果選擇走上「不結婚」的人生，其實只要了解未婚的風險因素，就不會對健康或心理活力造成影響。換言之，從身體健康方面來說，只要在飲食生活中多加注重蔬果的攝取，透過健康檢查掌握身體狀況，並努力經營可以分享心情的朋友關係，即可克服不結婚的風險。

人生的意義並不純粹取決於結婚與否，即使結了婚，如果對婚姻不滿足，不僅心靈缺乏活力泉源，身體狀態同樣會惡化。總之，左右人生的並不在於結不結婚一事，而在於你有沒有對自己的身體保持自覺？有沒有可以坦率傾訴心事的對象？有沒有人能夠認同並接受自己人生？而你是否也能夠尊重、認同並支持對方呢？

想要克服「無法結婚」的男性，如果能夠以維持基本生活水平的經濟獨立為首要目標，同時經營和對方心靈相通的友誼關係，對於自己的健康不要坐視不管，相信情況應該會逐漸改善。

Chapter

6

面對突然的壓力，也能維持心理健康

突然失去聽力的演奏家

大約兩年前，我在臉書上收到住在下關的吉本信行先生（五十八歲）來訊：「我現在住在醫院，謝絕會客。」

我從未當面見過吉本先生本人，他是我認識的一位音樂界友人的朋友，我們也因為這樣的因緣成為臉書上的臉友。說起來，他是我少數幾張專輯的樂迷，很喜歡我十年前錄製的專輯，並從那首歌曲當中得到靈感，他自己也在美國錄製了專輯，因此才與我產生交流。

在醫療的工作之外，我偶爾會有一些歌唱的工作，專輯是我作的詞，配上南高節老師或小椋佳老師等人作的曲，但銷量差到連負責的製作人都說：「賣得比我想像中還要差呢……」畢竟用日文唱Bossa Nova本來就是一件很具挑戰性的事，賣不出去也是沒辦法的。所以吉本先生會喜歡這張專輯，可見真的是非常難得的樂迷。

吉本先生平常從事不動產宅地分售的工作，週四和週五就成了位於下關的爵士酒吧「樂隊馬車」的老闆，他自己也會演奏貝斯，還在海外錄製了幾張專輯。

遭遇音樂家最深沉的恐懼

「樂隊馬車」開業於二〇〇七年，據說剛開幕時每天都會營業。換句話說，當時吉本先生平日白天從事不動產宅地分售的工作，晚上獨自經營爵士酒吧。然而三年前，他因為罩耳突發性重聽而長期住院，暈眩、頭痛等全身症狀雖然逐漸減輕，但罹患重聽的耳朵卻失去了聽力。儘管身體的症狀減輕，他還是會感到暈眩或重心不穩，所以後來無法再一個人顧店，營業日便改成工讀生可以來上班的週四和週五兩天。

在爵士酒吧表演的爵士樂手形形色色，每到營業日總是有接連不斷的表演。他順利地在不動產的工作與爵士的工作之間取得平衡，孩子也都長大成人，有時他會錄製自己的創作，有時會出國巡迴演出，無論在經濟面或家庭面，他都過著相當滿足的生活。就在他擔心另一隻耳朵萬一也失去聽力該怎麼辦的時候，再度發病住院。

我擔心地聯絡吉本先生，想知道他的狀況如何，結果他回信告訴我：「現在完全聽不見聲音了，聽力低於施策頻率範圍。」原本聽得見的那隻耳朵，現在出現強烈的耳鳴和閉塞感，再加上頭痛和暈眩變得更嚴重，無法維持正常姿勢，因此得緊急住院治療。

「再這樣下去，我的耳朵好像就會完全聽不見了……」

在暈眩、頭痛、噁心的折磨下，吉本先生傳給我失意的訊息，讓我不知道該如何回覆他才好。耳朵失聰會大幅改變他人生的方向。況且從事音樂工作的人失去聲音的世界，等於是再也無法活出自己的生命價值。一步一腳印累積至今的每一個階段，可以說是在一夕之間土崩瓦解。

想再次演奏的熱烈渴望

一想到吉本先生的心情，我就一句話也說不出口。我不斷思忖著自己可以做些什麼，但完全想不到可以幫上忙的地方，只好在我的著作上留下訊息並送去醫院，我想至少可以讓他在暈眩稍微改善以後閱讀。

一直到後來，吉本先生才告訴我他當時的心情。

「第一次住院的時候，我也曾覺得我的人生無望了，但這次反而覺得該面對的總要面對，所以很快就振作起來了。醫生寫給我的明信片，也讓我受到很大的鼓舞。」

他說的明信片是一張有貓咪插圖的明信片，貓咪背著沉重的行李，自言自語地說：「嘿咻，沒問題的。」當初我看到這張明信片時，覺得帶有一點幽默感，應該還不錯，所以就寄給他了。吉本先生的病房一開放訪客會面，他的朋友就接二連三地來探望他。雖然症狀嚴重時，與人會面是一件很辛苦的事，但來探視吉本先生的朋友都是非常親密的友人，因此似乎也轉移了他的注意力。

一般健康的人根本無法想像耳朵聽不見究竟是怎麼一回事，根據吉本先生的形容，「一般人聽到『耳朵聽不見』，可能會以為是完全沒有聲音的狀態，但事實並不是這樣。耳鳴會很嚴重，感覺腦海裡一直有聲音，不僅睡不著覺，還會覺得自己好像快發瘋了。」

腦海中不停地響著雜音，讓人坐立難安，而且還會頭痛跟噁心。吉本先生在這樣的狀態下住院了幾個月，等症狀稍微穩定下來以後，便和主治醫師針對後續的治療進行商議。恢復聽力的可能性幾近於零，不過儘管希望渺茫，吉本先生還是決定賭一賭，以頭蓋骨的開顱手術裝置人工耳蝸的方式進行治療。但由於他有慢性中耳炎的問題，必須在手術前先行治療，因此接下來幾個月他又反覆接受耳骨深處的清洗處理。

這種治療通常伴隨著強烈的疼痛，因此吉本先生曾在一則訊息當中談及當時的疼痛感受。他之所以能夠熬過伴隨強烈痛楚的治療，和後來用開顱手術裝置人工耳蝸的過程，基本上都得歸功於那股想要再次演奏爵士樂、再次聆聽音樂的熱烈渴望。然後在二〇一四年的六月五日，他裝上了人工耳蝸。一開始他很期待能夠再次聽見聲音，但實際上並不如預期。

「音樂的話，我只能聽見爵士鼓的高帽鈸（腳踏鈸）的聲音。雖然聽得到其他人說話的聲音，但聽起來感覺就像機器人的聲音一樣，毫無抑揚頓挫。」

人工耳蝸接收聲音的方式有其限制，這已經是最大的極限了。即使如此，至少能夠接收聲音，有助於迴避在日常生活中因為「聽不見」所造成的危險。

「聽覺障礙者因為外表與常人無異，所以即使有腳踏車之類的靠近，也很難光靠聲音去避開。直到我自己變成聽障者之後，才知道原來有這樣的事。」

只要邁開腳步，就能重新出發

完成人工耳蝸的手術後，吉本先生的朋友陸續來病房探視他，一起和頭上包著一圈一圈繃帶的他照相，然後分享在臉書上。他每天都收到許多訊息。

「去年六月五日做人工耳蝸手術的那一天，是我全新出發的日子。過了半年以後，請醫生來一起辦活動，是我真正重新出發的日子。」

六月五日手術結束後，吉本先生雖然無法清楚聽見聲音，但還是靠著節拍器訓練節奏感，並且在低音提琴上做記號，每天持續練習。那一陣子我聽了他上傳至Youtube的演奏。那是一段由鋼琴、鼓和貝斯組成的三重奏，曲名是〈沒有比表演更棒的交易〉。演奏非常精彩。最讓人感動的是，我可以明顯感受到他演奏時的喜悅，聽著聽著連我的心情也明朗了起來。沒想到他明明只聽得見爵士鼓的腳踏鈸聲，卻能夠做出如此精彩的演奏。

二〇一四年十二月，我和爵士鋼琴樂手山本剛先生，以及貝斯樂手香川裕史先生一同造訪下關。我們在下關的料理店策劃了一場爵士表演，作為吉本先生的舞台回歸活動。現場大約來了三〇〇位吉本先生的朋友，內容包括我的演說和爵士版的《平安夜》，但吉本先生的交遊廣闊實在令人驚訝。

表演結束後，我們在「樂隊馬車」舉辦慶功宴，這時我從他的朋友口中得知許多事情。其中吉本先生的高中班導師還從博多遠道而來，很高興地說：「能夠復原真是太好了，恭喜你回歸舞台。」當天他的國中同學、高中同學、靠音樂結識的友人，和透過各種管道結交的朋友，全都來到了「樂隊馬車」，把整間店擠得水洩不通。

社交關係對心理健康的驚人影響

良好的人際關係能避免心肌梗塞？

喪失自己的能力或原有的功能，無疑是人生中非常嚴重的壓力來源，「失去」（喪失）很容易導致憂鬱。此外，如果因為喪失而對他人產生羨慕或嫉妒的情緒，心靈的活力也會愈來愈低落。在完全失聰並被認定為聽障者後，吉本先生的生活儘管出現巨變，卻仍能夠積極面對現實，其中的主因之一：「連結」，是我想在此探討的重點。

「連結」在三一一東日本大地震後才開始受到關注，但在醫學的領域，尤其是在美國，大約從二〇〇七年開始就成為相當熱門的研究主題。

我在二〇〇八年前往哈佛大學的研究室時，河內一郎教授任職於附近大樓的哈佛大學公共衛生研究所，他剛好發表了一系列的論文，內容是關於與周圍人群之間的關係。研究顯示，居住在信賴度較高地區的人，死亡率較低。河內教授陸續發表突破性的研究，包括連結與階層差距一樣都與健康有關聯性、盲人與他人的連結會影響健康等等，為長期以來追求物質豐盛和以美國夢為目標的美國社會投下一記震撼彈。[14]

若追溯到更早之前，關於與旁人的連結會影響健康的報告，有一項在美國賓州羅塞托進行的調查相當有名。[15]羅塞托小鎮上的居民，大多都是義大利移民的後裔。在這個小鎮裡，人們罹患心肌梗塞的比例很低，至於背後的理由，流行病學家原本在調查前建立的假說是：也許是因為居民的飲食生活狀況不錯，但他們的飲食生活並沒有特別好，鹽分和脂肪攝取量也跟其他地區沒有顯著差異。

不過研究也發現，這個小鎮上的居民沒有階層差距感，人與人之間的緊密關係、信賴感以及夥伴意識很強。地方居民的連結會影響健康的一系列報告，或許就是從這項調查研究開始的。

羅塞托小鎮的故事還有後續發展，在美國夢的吸引下，其他地區的居民也移居到這裡，

14 Kawachi Ichiro, Bruce P. Kennedy, and Richard G. Wilkinson（1999）. Income Inequality and Health: A Reader. New York: The New Press, 1999.

15 Bruhn, John G., and Stewart Wolf. The Roseto Story: An Anatomy of Health. Norman, OK: Oklahoma University Press, 1979.

建造高級的房舍，高級轎車一輛接一輛，隨著階層差距感的出現，羅塞托小鎮居民之間的緊密關係也逐漸疏遠。在彼此失去信賴感以後，據說羅塞托小鎮的居民罹患心肌梗塞的比例，已提升到與其他地區相去不遠的程度。

交朋友應該重「質」還是重「量」？

我二〇〇九年在哈佛大學COOP（合作社）的書店發現了一本令我好奇的實用書，就是當時任教於哈佛大學的克里斯塔基斯教授的著作「Connected」。

拿起來翻閱後，內容寫到朋友或家人之中有吸菸者或肥胖者的話，本人吸菸或肥胖的機率較高，並做出連結會影響健康的結論。除此之外，克里斯塔基斯教授也提到，**連結的多寡，亦即朋友數量的多寡，與心理的健康狀態深刻相關**，連結愈多的人愈不容易陷入「憂鬱」。

此外，據說與交遊廣闊的人來往，比跟朋友寥寥無幾的人來往，更不容易陷入「憂鬱」。由於日本社會一般都比較重視與朋友交往的深度，也就是重視「質」更甚於交友的「數量」，因此我當時讀到克里斯塔基斯教授的這番論述時，也不禁抱持著懷疑的看法[16]。

不過英文裡說「Human Resource」，應該就是把人力視為一種資源。前述的河內教授也提出，在處於壓力主因重大的狀況下時，擁有多少與他人之間的連結，就意味著支持的數量有多少。**正如羅塞托小鎮的資料所示，連結的量與質一樣重要**。即使只是泛泛之交，擁有多少與他人之間的連結也很重要，此處可以斷言的是，人力資源也是不可忽視的觀點之一。

雖然很多人把臉書等社群網站上的連結視為膚淺而虛擬的連結，但像吉本先生這種住院的情況，或是因為平常生活忙碌或住處相隔遙遠而無法與朋友來往等情況下，若能有效利用的話，從精神支持面上來說，也算是一種有意義的連結，只是懂得如何妥善活用是此處的必要條件。由於吉本先生本來就與很多臉書上的朋友維持良好關係，因此才能在與疾病纏鬥的過程中，活用社群網路所提供的支持力量。

人際「連結」是一種社會資本

接下來我討論的是，針對人在承受重大的壓力主因時，擁有與周圍的信賴關係和連結，如何影響身心的健康狀態，乃至主觀經濟狀況所進行的調查研究。在東日本大地震發生超過

16 Christakis, Nicholas A.; Fowler, James H.（2009）. Connected: The Surprising Power of Our Social Networks and How They Shape Our Lives. Little, Brown and Co.

兩年半、災民身心想必累積不少疲勞感的二〇一三年冬天，復興廳開始推動心理健康支援事業。這項事業是由日本醫科大學接受委託，由我出任統籌者。這項事業的構成內容包括針對地震後的海嘯受災戶提供心理健康支援講座、指導民眾如何與地方居民建立連結的溝通講座以及工作坊。我們同時在參加者的協助下進行了問卷調查。[17]

協助問卷調查的民眾共有一二六三名，其中有遷居經驗者共二七一名。遷居是一項重大的壓力主因，尤其是因為災害而遷居。因為海嘯而失去家園或家人，在經濟面上也會陷入嚴峻的困境中。

若遷居至臨時住宅，環境主因的壓力也很大。可想而知的是，相較於未曾遷居的人，遷居經驗者無論男女，在身心的健康狀態或生活滿足度上，都有顯著惡化的趨勢。此外，無論男女都表示經濟狀態比地震前更加困難。尤其是遷居過的女性比起未曾遷居過的女性，生活滿足度顯著低下。真要說起來，應該有人會認為這是理所當然的結果。

那麼，所有面臨遷居這項壓力主因的人，生活滿足度都很低嗎？難道沒有人能夠在承受重大壓力的狀態下，保持一定程度的生活滿足度嗎？[18]根據我們調查的結果顯示，即使是遷居過的人，若能與旁人維持緊密的連結，生活滿足度依舊會偏高，而且與連結薄弱的人之間呈現顯著差異。在連結薄弱的情況下，生活滿足度偏低的人很多。換句話說，即使存在重大的壓力主因，例如必須因為地震而遷居，但只要連結夠多，就會成為一種克服壓力的復原力主因。

我們在二〇一四年的日本壓力學會上發表這個結果，這種「連結」又稱社會資本（Social Capital），目前在心理健康領域逐漸被定位重要因素之一。

好好經營社群網路，有助降低心理壓力

那麼如果想要維持連結，物理上卻有困難時，又該如何是好呢？比如說像天災或疾病，兩種都缺乏交通手段，或者因為生病而無法外出等情況，即使想要創造連結，也被迫處於無法與周圍保持聯繫的狀態，此時假如透過推特或臉書等社群網路維持連結，對於心理健康是

17 問卷內容除了年齡、性別等基本資訊，還有主觀的健康狀態、主觀的經濟狀況、地震後的經濟變化、是否遷居、生活滿足度、與旁人的連結等等。演講或講習會總共在八處舉辦，包括宮城、岩手的沿岸地區、仙台和盛岡等地。事業的演講或講習會在當時得到國立精神暨神經醫療研究中心認知行為治療中心的大野裕所長、東北大學和岩手醫科大學諸教授協助，問卷調查則得到東北大學公共衛生學辻一郎教授和當時福岡女子大學錦谷真理子副教授鼎力相助。

18 生活滿足度是將對生活的滿足度從〇到十區分成十一個等級，完全不滿足的情況為〇，完全滿足的情況為十，受訪者對自己的生活滿足度評分時，八分以上為生活滿足度高，六分到七分為中等程度，五分以下為低。

否能夠有效地發揮作用呢？

雖然很多人認為社群網路只能建立膚淺的關係，有時甚至無法信任，但當人處在極限狀態的壓力主因下，又會如何看待社群網路上的連結呢？

我和前述的錦谷真理子博士在地震發生的三個月後，進行了有關推特對心理影響的調查。之所以會進行這項調查，其實是因為我們從地震前就持續在調查有關推特對心理的影響，而在二〇〇五年的卡崔娜颶風、二〇〇七年的加州火山爆發，和二〇一〇年的海地地震時，也閱讀了有關推特或臉書應用的報告[19]。

在回答者包括一一四四名東日本大地震受災者的問卷[20]調查當中，我們發現推特所造成的影響男女有別。推特對於有受災經驗的女性影響較大，無論是感到放心或不安等情緒，都比無受災經驗的女性強烈。換言之，無論是正面或負面的情緒，女性都比較容易受到社群網路的影響[21]。

反觀男性，有受災經驗的人比沒有受災經驗的人，更容易因為推特產生不安的情緒。這樣的男女差異也可以說是男性與女性在同理心上的差異，但無論如何，這裡可以很明顯地看出，當人們處於強大壓力的狀況下，社群網路不僅具有傳達資訊的意義，也扮演著傳達情感的角色。這樣看來，為了預備將來有一天可能面臨龐大壓力的狀況，平常好好經營人際網路，應該會是一種有效的心理支持。

前文介紹的吉本先生，就是妥善活用臉書的正面例子。現在很多人使用臉書，目的都是為了宣傳，或是為了打發時間，滿足自我表現欲，但用自己的方式創造良好的連結，應該會有派得上用場的時候。

我有一位美國朋友經常在海外出差，每十天就會往返一趟夏威夷、日本、東南亞和美國本土。他每天都利用臉書和住在夏威夷的高齡母親聊天，而且也能夠上傳照片，因此毫無疑問地，這對他的母親會是一種支持的力量。我希望各位知道的是，在與真正能夠毫無保留展現內心的對象之間，臉書的連結還是有效的。

19 Mark E. Keim, MD; Eric Noji, MD, Emergent use of social media: A new age of opportunity for disaster resilience, American Journal of Disaster Medicine, Vol. 6, 2011.

20 問卷在報導醫療資訊的讀賣新聞網站「yomiDr.」上進行。在二〇一一年六月十日到七月十一日為止約一個月的期間內，開設一個可以從這個網站連結過去的問卷調查網頁。調查內容包括性別、年齡、居住地區、是否有工作、身心健康狀態、是否為受災者（自己、家人、朋友）、受災狀況、是否有使用推特、是否曾經因為使用推特而感到安心或反而更加不安等等。詳細內容請參閱美國專門雜誌「Disaster Medicine」。

21 Junko Umihara, MD, PhD; Mariko Nishikitani, MPH, PhD, Emergent Use of Twitter in the 2011 Tohoku Earthquake, Prehospital and Disaster Medicine.

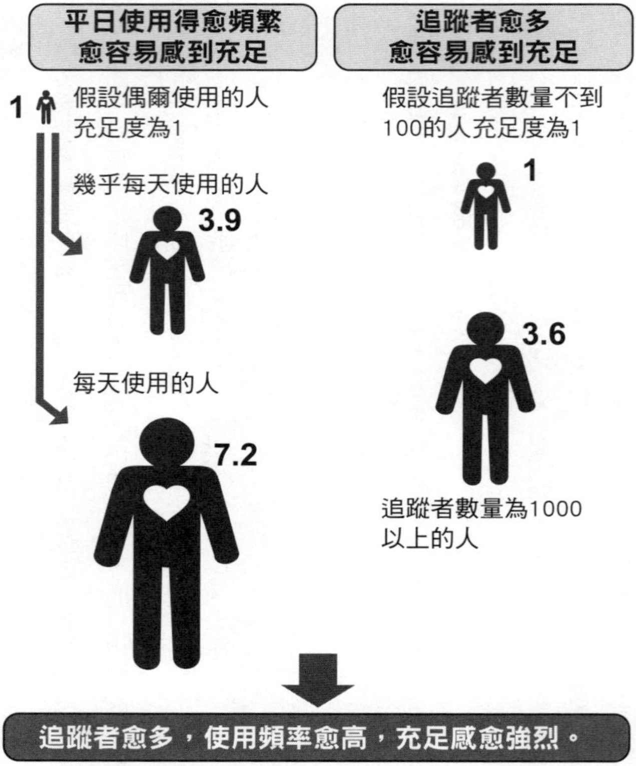
平日使用得愈頻繁
愈容易感到充足
追蹤者愈多
愈容易感到充足
1
假設偶爾使用的人
充足度為1
假設追蹤者數量不到
100的人充足度為1
幾乎每天使用的人
1
3.9
3.6
每天使用的人
7.2
追蹤者數量為1000
以上的人
追蹤者愈多，使用頻率愈高，充足感愈強烈。

圖 2　推特與充足感的關聯性。

每天加班超過三小時，容易罹患憂鬱症

二〇一五年七月，日本內閣決議通過《過勞死等防止對策大綱》。說到過勞死，一般最先會想到的就是一九九一年的電通過勞死事件。一名剛進公司一年五個月的員工，因為每個月平均加班一百四十七個小時，所以最後在強大的精神壓力下自殺。這件上訴至最高法院的案子，最後由原告方全面勝訴，並影響了日後預防過勞死的各種措施。

一般所謂的過勞死線，標準是每月加班時間八十個小時。超過這個標準以後，罹患腦血管疾病或心臟病的風險就會提高。附帶一提，醫學界在一九八四年時，一位任職於紐約的醫院的住院醫師，因為過度勞動而引起醫療事故，導致患者死亡，此後醫學界便開始重新檢討過度勞動的問題。

其後，從二〇〇三年開始，全美的醫院都有義務嚴守住院醫師每週勞動時間應控制在八十小時以內的規定。不過每週勞動八十小時相當於每月加班一百六十小時，因此住院醫師的勞動上限還是處於負荷相當高的狀態。前述電通員工過勞死的每月加班時數是一百四十七小時。一百六十小時已經達到過勞死線了。雖然一瞬間心想，這樣真的沒問題嗎？但實際上卻有一份研究資料相當有意思。

筑波大學松崎一葉教授等人的團隊曾提出一份論文，題目是《極限性長時間勞動檢討之

研究》。松崎教授等人在二〇〇三年時，針對六百零八名住院醫師在住院開始兩個月後，勞動時間與心理健康的關聯性進行調查[22]。結果顯示住院醫師每週平均勞動時間為七八・七正負一九・二小時，每週勞動未滿八十小時者，在心理健康指標的檢查上並未發現關聯性，但每週勞動超過八十小時者，則與心理健康指標呈現明顯關聯，陷入抑鬱狀態的風險較高。不過每週勞動八十小時，確實已經算是相當程度的過度勞動了。不禁令人感到好奇，究竟是什麼動力支撐著他們堅持下去。

工作方式會大幅影響壓力程度

接下來要探討的是由瑞典卡羅琳醫學院壓力研究所羅伯特・卡拉塞克（Robert Karasek）所提出的工作要求－控制模型（Job Demand-Control model）。卡拉塞克針對勞動的壓力主因與健康障礙進行研究，並提出這個模型。卡拉塞克模型代表的意義是，壓力的程度取決於工作要求度與自己可以決定的裁量權（亦即自由度、控制度）之間的平衡。簡單來說，控制度就是自己對工作的進行方式或勤務體制有多少程度的決定權。

舉例而言，每天在固定的時間打卡、在規定的時間吃午餐、外出時要向主管提出書面文件、要達到規定的營收目標、每天寫報告等等，就屬於自由度低的工作方式。

卡拉塞克以這樣的工作要求度和自由度為軸，將工作方式分成四種類型。第一種是要求度和自由度皆低的類型，亦即工作不辛苦但也缺乏自由度，他提出的例子包括夜間警衛或管理員。第二種是工作要求度低、自由度高的類型，這是壓力最少的一種。第三種是工作要求度高，而且也缺乏自由度的類型，這種工作最容易累積壓力，例如電話接線員或消防員等就是屬於這種類型。第四種是工作要求度高但自由度也高的類型，這種工作雖然忙碌，但可以按照自己的步調調整工作，所以儘管負荷較大，卻不容易累積壓力。重要的是不要只考慮勞動時間，而應該把工作方式也一併考量在內才對。

二〇一四年時，德國的福斯博士等人針對五三三七名勞動者進行調查，並運用卡拉塞克的模型，**報告顯示工作要求度高且自由度低的類型，罹患糖尿病的機率較高。由於糖尿病會提高心臟病或腦血管疾病的風險，因此可以預測過勞死的比例也會比較高。**此處套用卡拉塞克的觀點檢視電通的過勞死事件，就會更簡單明瞭。首先，過勞死的員工，工作內容是廣播節目的廣告宣傳，可見工作要求度很高。相對於此，這份工作的自由度低，主管又有職權騷擾的行為，因此無法申請有薪年假。主管告訴員工說：「工作沒完成就回家的話，隔天早上

22 Journal of physical Fitness, Nutrition and Immunology vol.18, No.3 223-226（2008），限界的長時間労働の検討に対する研究。

要提早進公司。」據說員工都過著回家只能休息兩小時左右，就要馬上出門上班的生活。若用卡拉塞克模型來看，這應該可以說是最危險的類型。

以住院醫師為例，不難想見他們的工作要求度高，而且自由度很低。雖然這也可以說是一種過勞死風險很高的類型，但因為工作是在指導醫師的監督下進行，所以從這一點上來看負擔還不算重大。此外，由於是剛畢業頭兩年，因此住院醫師本身也還能維持熱忱，可以想見的是，比起「受人差遣」的感覺，他們應該也有很強烈的「必須在此時學習，才會對將來有幫助」的意識。從年齡上來看，也以二十五歲到未滿三十歲的人占壓倒性多數。這樣的背景再加上主動而非被動的意識，很有可能導致以每週勞動八十小時為臨界值的結果。

即使工作的要求度高，但假如可以自行控制工作方式，將步調反映在其上，而且與主管或同事之間的溝通也很良好的話，即可克服壓力；如果工作忙碌又無法控制，工作內容和截止期限取決於主管的意思而非自己的步調，而且什麼事情都需要經過許可，必須提出報告等文件，若主管又很情緒化，老是讓人覺得工作「受人擺佈」的話，這恐怕是最糟糕的情況。

為了預防過勞死，我認為不能單獨考慮勞動時間而已，還必須參考這種工作壓力模型，一邊試著在工作上獲取控制度，一邊將工作型態從被動轉換為主動才行。

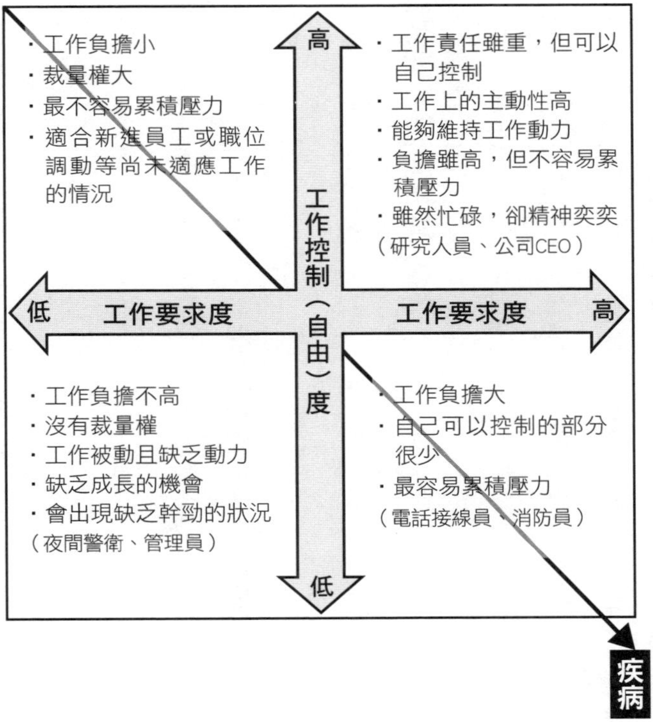

圖3　工作要求度、自由度與壓力的關聯。

在忙碌高壓的生活維持好心情的祕訣

現實生活中，確實有人親身驗證這套工作壓力模型。我和大垣信良先生（六十一歲）已經認識超過二十年了。話雖如此，以前我們只有在工作上打過照面而已，一直到最近兩年才變得比較熟稔。

沒有休假時間，還能精神奕奕

大垣先生在日本電視台擔任製作人時，曾經參與《神樂金決定版》（暫譯）、《時尚30・30》（暫譯）、《超級變變變》等多個節目的製作。一九九六年從日本電視台離職後，便成為特約製作人，在五十歲時加入電視節目製作公司「EST」，現在身為「EST」的副董事長兼製作人，承接的業務從資訊性節目到綜藝節目應有盡有。手中的節目數量很多。

大垣先生非常喜歡爵士樂，因此最近這兩年我們會在臉書上聯絡，也會一起去表演會場。他幾乎每天都會在臉書上更新動態，因此就我所看到的部分，他每天都在工作，而且全都是現場的工作。目前每週固定撥出的節目除了《GOHAN JAPAN（暫譯）》（週六晚上）和《路線巴士觀光之旅》（週日下午）之外，一年還會有六到七個特別節目。休息時間大致上每月一到兩次，每週都固定有兩個電視節目的話，或許也是沒辦法的事。我曾經問他：「你加班時間大概是多少呢？」他回答：「我不知道怎樣算是我的工作範圍，但我每個月差不多都加班一百二十小時左右吧。」

在那樣的生活中，大垣先生晚上還要抽空去聽爵士表演，或是在臉書上更新動態，讓我不禁想問他究竟是如何克服如此忙碌的生活。我一向他提出想要訪問他的意願，就得到他爽快的承諾，但為了配合他的行程，我們花了約一個月才見到面。

在他結束一天的工作後，我們約在六本木的印度餐廳吃咖哩，一邊欣賞現場爵士表演，一邊聽他講述過往的生活。大垣先生從小就非常喜歡電視，並且決心要成為一名製作人。他說他心裡盤算著「我想要到（製作我最喜歡的節目的）日本電視台工作，完全不考慮其他地方」，並在面試時說：「我想當製作人，其他選項完全不考慮。」他實際參加就職考試的電視台就只有日本電視台而已。大學畢業後，他如願通過考試，而且從一開始就被分配到製作單位。在首選職場上從事理想工作的他，接二連三地製作出大受歡迎的節目。後來他也順利升職，靠製作人的身分過著工作和收入都很充實的日子。直到一九九六年，他迎來人生中的大轉變。

由於節目發生意外，使他必須離開製作第一線。一直以來都以第一線為志業努力打拚的他，自然無法接受這樣的異動。不過如果不接受異動的話，他就不太可能繼續留在公司了。當時是電視的全盛時期。可想而知，失去穩定的工作與收入是一件壓力多大的事。

在電視台這樣的組織中製作節目，大垣先生一向自由發揮慣了，所以這件事一度讓他很困擾，但他無論如何都無法壓抑那股想要一輩子製作節目的渴望。這時他心中浮現了一個念頭，雖然收入會變得不穩定，但是他可以試著獨立製作節目。當時他已經結婚了，還有一個小孩。他與妻子商量後，妻子立刻回覆他說：「做你自己喜歡的不是比較好嗎？」於是他便開始朝著獨立製作節目的方向發展。

當他身為日本電視台的一員時，因為是眾所皆知的組織，所以工作自然而然會找上門來。但對於獨立製作的個人，有些人根本不願意委託工作。大垣先生聽了很多這樣的意見，不過即使如此，他還是堅信「絕對會有人把工作委託給我的」。

從旁人的眼裡看來，電視節目的製作似乎是一份光鮮亮麗的工作，好像每天都在玩樂一樣，但實際上這是一個成果至上的業界。收視率太低的話，贊助商就會撤資，贊助商一旦撤資，製作費就會被刪減，節目就不得不暫停。即使收視率高時廣受好評，但一旦稍微下降，人們就會轉身離去。如何調整經費與品質的平衡，全看製作人的本事，能夠受電視台委託製作的製作人並不多。

樂觀的想法真的能讓人長壽

持續製作固定的節目，不僅無法獲得充分的休假，也必須讓身體保持良好狀態才行。話雖如此，倘若成天忙於工作，總有一天會靈感枯竭，陷入「身心俱疲症候群」。反之，如果試圖取得充電的期間，也有可能會再也接不到工作。像大垣先生這樣持續工作卻不致過勞死的工作型態，有以下幾項特點。

首先，若從卡拉塞克的模型來看製作人這份工作，工作的要求度當然很高。不過製作人對於工作的進行方式擁有決定權。換言之，在控制度方面的自由度也很高，因此，在工作時**運作的是「我在工作」的主動意識，而非「被迫工作」的被動意識，這是減輕過度勞動風險的要素之一。**

第二個必須注意的是「語言」。若分析大垣先生的臉書動態，他的發文中有一定的規則，也就是保持用正面且幽默的方式去表達現狀的態度。舉例而言，大垣先生在今年八月肋骨骨折時，曾經將骨折部位的X光片上傳到臉書，並寫道：

「我做過很多粉身碎骨的工作，但真正弄斷骨頭，卻是有生以來第一次……肋骨痛起來真是要人命啊。」

沒有休假的時候，他會上傳爵士酒吧的照片，「老天爺，謝謝祢這星期六和星期日也賜給我工作（笑）。在獻上勤勞感謝的同時，老天爺也容許我蹺班兩小時。」

我唯一看過大垣先生在動態中表現出落寞的一面，是他的愛犬在數年前死亡的時候。當時我印象最深刻的，是他開頭就直接寫道：

「我平常都刻意不在臉書上分享傷心事，但……。」以及後續關於愛犬逝世的內容。

肯塔基大學曾經做過一項相當有趣的追蹤調查，內容是關於使用什麼樣的用語會影響健康。該項調查始於一九八六年，由大約七百名當時年齡介於七十五至一〇二歲的修女協助調查[23]，分析這些平均二十二歲就成為修女的女性的日記。語言學家和心理學家從日記中篩選出所有表現方式，並分成正面、負面和中性等類型。根據她們使用的表現方式，再將修女分成四個組別，並追蹤她們分別活到幾歲。

結果顯示，正面表現最少的組別，平均壽命是八十六・六歲；相對於此，正面表現愈多，平均壽命愈長，正面表現最多的組別則達到九十三・五歲。**可見一個人看待事物的方式，會大幅影響健康**。

與我共同進行研究的九州大學錦谷真理子副教授，也曾在二〇一〇年時，針對在推特上推文的人進行問卷調查。詳細內容已記錄在拙作《推特幸福論》（暫譯）中，其中那些能夠靠推特重拾好心情的人，在問卷中表示自己推文的時候，通常都會客觀看待現狀，並且盡量使用正面的語言。

換句話說，這些人無論在什麼樣的狀況下，都會先客觀地掌握事實，再用正面的語詞表現出來，藉此達到自我確認的目的，並靠著正面的文字和用語讓自己產生動力。修女們或許會在日記中確認方向是否正面，但在社群網路的世界裡，比起對瀏覽推文的觀眾（朋友）表現出正面的態度，自我確認的功能或許更加被強化了。也許刻意表現得比原本更有活力，好讓自己多一點勇氣，反而是克服壓力的一大關鍵。

為什麼過勞死幾乎都發生在男性身上？

接下來，我們再從時間管理的角度出發，探究過勞死與長時間勞動的問題。我常跟人介紹心理學家暨福山大學校長松田文子博士的論文〈時間研究者的時間管理術〉中，有一個相當有意思的理論[24]。

松田博士根據自身的經歷，從心理學層面去探討為何過勞死大多發生在男性身上的問

23 Deborah D. Danner, Positive Emotions in Early Life and Longevity: Findings from the Nun Study, Journal of Personality and Social Psychology, 2001. Vol.80, No 5, 804-813.

24 松田文子〈時間研究者の時間管理術〉《心理学ワールド》58号（日本心理学会）第五～八頁。

題。其中，松田博士引用了柏木與平木的論文內容，「過勞死並非單純由長時間勞動所造成，埋首於單一工作而捨棄其他一切事物也是原因之一」，並強調「只專注於一件事」的危險性。

從勞動時間這一點來看，家有嬰幼兒的職業婦女是屬於長時間勞動的類型。儘管如此，我們幾乎不曾聽過家有嬰幼兒的職業婦女在廚房過勞死的新聞。因此松田博士的論點是，**在多種場合以不同的身分從事性質相異的活動，有助於維持心理健康。**除此之外，松田博士也從「時間」所具備的兩個面向，進一步探討與過勞死的關聯。

成人在職場上時，都是根據時鐘的時間安排行程，也就是按照「時鐘時間」過日子。在固定的時間起床、吃飯、工作。除此之外，時間還有另一個面向叫「事件時間」。即使時間相同，時間感覺卻會隨著那段時間裡發生的刺激而改變[25]。若能以各種身分從事工作，接受各式各樣的外界刺激，應該可以避免情緒固定化。

從大垣先生的工作種類來看，他所製作的節目各有不同的性質和方向。所以我們可以推測的是，他並不是朝著單一目標進行長時間勞動，而是擁有不同的目標和方向，所以時間感覺一直在改變，這或許就是他長期持續同一份工作卻不致於身心俱疲的祕訣。

25 同前述論文。

終章

給自己重新呼吸的休息時間

五個消除壓力的基本原則

「究竟該怎麼做，才能克服壓力？」經常有人問我這樣的問題。「具體來說應該做哪些事呢？」「您本人有哪些對抗壓力的方法呢？」

被問到這樣的問題，真的很讓人困擾，因為這一系列的問題就像「吃什麼才會健康」一樣，都是大哉問，根本沒有什麼食物是一直吃就能夠變健康的。雖然大家都知道「水」對人是不可或缺的，但每個人必須攝取的食物，都會受到性別、年齡、職業、生活型態等影響。唯一可以確定的是，「飲食均衡」很重要，飲食如果不均衡，每天都吃同樣的東西，對健康是不好的，同樣的道理也適用在對抗壓力上。

不同的人處在不同的狀況下，面對壓力主因需要採取何種策略，必須要保有對應壓力的彈性；此外，就算分享我自己的方法，用在別人身上也不見得有效。

但就像維持健康，人人都需要「水」一樣，我個人認為，要維持心理健康，每個人都需要做到這五個基本原則：❶深呼吸，❷適度活動身體，❸睡眠，❹可以分享心情的朋友或家人，❺接觸大自然。

保持靈活應對各種狀況的彈性

先達到這五個基本條件，就能獲得大幅的改善。接下來再以這五個原則為基礎，前進至下一個階段。根據自己的性格傾向、看待事物的方式、工作型態或環境，釐清哪些是必要的。**必須配合季節、身分和當下的環境變化，採取彈性的對策**，這樣的「彈性」應該就是最不可或缺的。

以前我在一場演講上強調情緒表達的重要性時，有位年約五十幾歲的男性主管，用很認真的表情說出一句令我嚇一跳的話，他說：「我聽您說笑容很重要，所以我現在打算每天至少笑兩個小時。」這種強迫自己保持笑容的想法，才是造成壓力的主因。

正如大家所知，笑確實可以提升免疫力。笑的時候會忘記不開心的事，而且應該是很自然而然地笑出來才對。能夠讓人集中注意力，並且瞬間忘卻負面情緒的事，就是對付壓力的方法。話雖如此，為了忘卻不開心的事，我們不能只想著要逃到哪裡，而是應該讓心的向量轉移到別的方向去。所以不能只是一味地認定「我就是要笑滿兩個小時」，而應該是在這個情況下要用笑容來克服，在其他情況下要用其他方法去克服，一定要有這種應變的彈性。

因此，我向這位先生提出建議：

「請找一找有哪些地方能讓你感到安心、放鬆、愉悅，或是能夠專注於一件事而忘記煩心事的，找到的話請試著記錄下來，但不包括酒、香菸、賭博或色情場所。」

這些就是復原力的處方箋。除此之外，還可以更進一步往自己的內心探索，逐一檢視自己的性格傾向或行為特性，看看自己現在是否客觀地看待事物、有沒有擅自貼標籤，以及對事物的看法。總之就是必須動員自己所有的壓力恢復資源，保持尋找恢復契機的彈性。

建立馬上就能重振精神的生活習慣

日本醫科大學健檢醫療中心，自二〇一四年十月開始推行的全新「壓力健檢」。聽到「壓力健檢」這個名稱，你心中會產生什麼樣的聯想呢？我想幾乎所有人聯想到的，應該都是確認壓力的程度、是否罹患憂鬱症的檢查。這個部分當然也會進行確認，但這種健檢最初的目的，是幫助大家強化面對壓力時的復元力和預防壓力。

心理疾病也是「預防勝於治療」

換句話說，壓力並非無可避免，在某種程度上依然是有可能預防的。雖然一般常說發現壓力徵兆時，應該及早接受治療，但事實上等徵兆出現以後再治療，很多時候都已經為時已晚。就像內臟生病一樣，心理疾病也不會在一開始就注意到症狀。當症狀出現的時候，疾病都已經進展到一定程度，花大把時間治療也是常有的事。

舉例而言，生活習慣病是長期飲食習慣、運動習慣不良或不注意健康所造成的，因此必須要改善生活習慣才行。如果順利改善成功的話，其實不需要特別吃藥也能自行痊癒。此外，如果在症狀出現前改善生活、避開危險因素的話，也能夠預防疾病。

預先檢測壓力值

我認為壓力也是一樣的。心理的狀況是「心理生活習慣」累積所造成的。我從一九八四年以來，長期面對所謂的壓力性疾病患者，也就是身體雖然出現症狀，但主要原因卻來自於心理或社會因素的疾病。其中令我感受最深刻的一點，就是身體出現不適症狀的人，**在他們的性格特性、思考方式、看待事物的方法當中，都有很容易形成壓力的傾向。**

目前已經有關於容易陷入壓力的傾向、與周圍的關係或親子關係等主題的研究報告，也有人在推行實際患病後，改變自己思考方向的訓練。

不過關於這些部分，如果能在患病前先進行調查，客觀檢視自己的性格，或許有可能改變「心理生活習慣」，並進一步預防壓力，就是這套健檢真正的目的。各位或許可以把它視為心理的健康檢查，應該會更容易理解。

壓力與壓力主因的大小並非正相關。你應該也曾注意到，有些人「明明經歷過這麼嚴重的事，竟然還是可以順利克服」，但也有些人「明明不是什麼大不了的事，卻這樣就灰心喪志了」。換句話說，那個人的性格傾向、那個人看待事物的方式和身邊有沒有人支持，是三大重點，也是面對壓力時決定復原力的關鍵。

壓力健檢就是根據這樣的基礎，建立關於生活環境的問診表，用自我圖評估性格傾向，或用心理測驗確認是否有完美主義傾向，以及生活滿足度、感情狀態、心情低落程度或復原力等等。接著根據結果，診斷受試者容易因為哪些原因陷入壓力，並藉由改變日常生活的心理生活習慣，建立預防壓力的基本方針。因此，每人大約需要花一個半小時的時間。

各位應該都不曾針對自己的性格傾向或看待事物的方式，接受過客觀的診斷吧？此外，在一般的醫院裡，即使會測試心情低落的程度，也不會針對性格傾向或感情狀態進行調查。壓力健檢雖然會幫助受試者在因壓力而陷入低潮之前建立對策，但這並非疾病的診斷或治療（因此不適用健康保險），詳細內容請參閱日本醫科大學的網站（home.nms.ac.jp/stress/index.html）。

掌握自己的性格傾向

這套健檢的其中一項，是案例15提到的人資負責人松村先生，利用「自我圖」完成的性格傾向測驗。

檢視自我圖，能夠幫助我們掌握自己的弱點或人際關係方面的問題，有助於提升壓力處理能力。自我圖是根據心理學家艾瑞克・伯恩（Eric Berne）所提出的「溝通分析」這套心理學理論設計而成。人的性格傾向由五種要素所構成，並取決於其間的平衡。

- CP（Critical Parent）……理想高、嚴格、守規則、責任感強的要素。
- NP（Nurturing Parent）……包容度高、體貼、照顧他人的要素。
- A（Adult）……冷靜、客觀、重視事物優先順序的要素。
- FC（Free Child）……自由、樂觀、行動力強、表現自我情緒的要素。
- AC（Adapted Child）……壓抑自我情緒、配合旁人而忍耐的要素。

這五種要素的平衡會決定一個人的傾向，壓力的特徵也會隨之改變。例如，肯定自我、

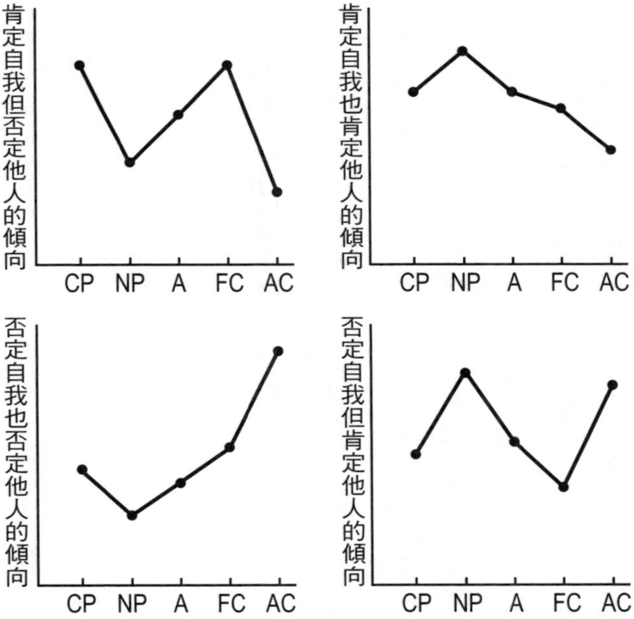
肯定自我但否定他人的傾向
CP NP A FC AC
肯定自我也肯定他人的傾向
CP NP A FC AC
否定自我也否定他人的傾向
CP NP A FC AC
否定自我但肯定他人的傾向
CP NP A FC AC

圖 4　自我圖的性格傾向

也肯定他人，且人際關係圓滑者，擁有理想的CP，包容他人的NP高，擁有冷靜的A的部分，而且FC比AC高。

不過如果CP很高，但NP極低，代表這個人對自己和他人都很嚴格，假如唯有A特別高的話，雖然性格冷靜，遇事不易慌張，但也會給人一種冷淡的感覺，因此職場或家庭的人際關係可能會出現問題。

隨著角色的不同而必須改變的性格傾向

只要知道自己的傾向，並嘗試彌補不足的部分，即可預防壓力。舉例而言，假設在公司的部屬與主管之間，主管NP低、CP高，部屬AC高、FC低的話，凡事習慣忍耐的部屬無法對管理嚴格的主管提出意見，此時就會陷入壓力很大的狀況。在這種情況下，如果雙方能夠提升自己性格傾向中不足的部分，彼此的摩擦就會減少。

性格傾向並非固定不變，而是會隨立場或情況而改變。一旦站在必須承擔責任的立場上，若能隨之改變性格傾向，即可妥善處理壓力，但若欠缺這樣的彈性，就很容易產生壓力。

保有自己原本的樣子也很重要

想要確實掌握自己的傾向，最好的方法是接受健檢，但如果沒有時間或金錢的話，至少可以重新檢視一下前文提到的五個要素。假如你感覺自己對人好像有點過於嚴格，不夠溫柔的話，就試著加強體貼他人感受的要素，或是如果你覺得自己習慣壓抑，很少表達自己的情緒，那就試著用一些方法加強這個部分，相信光是這樣就能讓情況改變不少才對。

這裡必須注意的是，自己擁有較多的那項要素，是自己原本的個性，因此應該繼續維持這個部分，然後試著提高不足的部分才對。維持自己原有的樣子，並提升不足的部分，不僅能夠讓你成為個性與魅力兼具的人，還能讓你擁有面對壓力的復原力。

拯救壓力危機的「生命凝聚感」

關於面對壓力的復原力，目前已有各式各樣的報告，其中之一是社會學家亞倫・安托諾夫斯基（Aaron Antonovsky）的研究。安托諾夫斯基是美國猶太人，他是社會學家，專門研究有關社會階層與健康的領域。安托諾夫斯基在一九七〇年代進行的有關納粹集中營經歷與更年期女性健康狀態的研究，以其壓力復原力的面向受到關注[26]。

對抗壓力不能只有「樂觀的心理」

安托諾夫斯基將更年期女性分為兩組，一組是過去曾經待過納粹集中營者，另一組是未曾待過納粹集中營者，分別調查她們的心理健康狀態。由於過去的痛苦經歷嚴重損害心理健康，因此在曾經待過集中營的女性中，有百分之七十的女性身心狀態不佳，不曾待過集中營的女性則為百分之五十，可見前者身心不適的比例顯著較高。不過安托諾夫斯基把焦點擺在曾經待過集中營，卻未出現不適症狀的百分之三十女性身上，並分析這些人的特徵。這就是被他命名為SOC（Sence of Coherence：生命凝聚感）的指標。[27]

生命凝聚感（暫譯）這項指標，是由以下三種感覺所構成。第一種是可理解性，也就是「能夠預期將來或日後發展」的感覺；第二種叫可應付性，也就是「無論發生什麼事，都認為總有辦法解決」；第三種是意義性，也就是認為「遇見什麼人或發生什麼事都是有意義的」。換句話說，就是一種無論面對何種壓力主因，都抱持著「這種事情本來就有可能發生，不過我應該有辦法設法克服，所以就算很辛苦，也一定有它的意義」的態度，勇於接受挑戰並且能夠過關斬將的特質。

這樣的特質是由多種要素所構成的。面對壓力主因時，解決問題必須動員所有對抗壓力主因的「事」或「物」。這樣的資源又稱「一般性抵抗資源」（Generalized Resistance Resources），是對抗壓力主因的要素。例如性格上具備客觀性，懂得表達自己的情緒，或是社會連結、社會支援、取得知識或支援的管道、獲得資訊的能力等等，都是屬於一般性抵抗資源。靈活運用這些資源對抗壓力，可以說是從壓力中恢復的一大助力。

26 Aaron Antonovsky, Health, Stress and coping, San Francisco: Jossey-Bass Publishers.

27 Aaron Antonovsky, Unraveling The Mystery of Health, Jossey-Bass Publishers, 1987.

換言之，對抗壓力主因時，如果只具備單一要素，並不會有任何效果，對於人生中發生的種種事情，懂得彈性運用自己所擁有的資源，才是最重要的。

04
COLUMN

正確的領導方針能提高生產力

如果有人因為職場壓力太大，出現身體不適的症狀時，按照以往的對策都是「先休息再說」。不過有些人可以順利地完成「不適－停職－復職」的循環，但很多人即使重新復職，也會再度因為不適而停職。

除了「休息」，還要「實際改善」

因此，有些人一旦停職就會被貼上「派不上用場」的標籤，即使重回職場也很容易陷入綁手綁腳的狀況。認為「不適－停職－復職」沒問題的想法，本身就潛藏著問題。如果不注意到這一點並制定對策的話，恐怕會讓難得的人才失去可以發揮的機會。

身體若出現不適症狀，休息是需要、重要也必須的條件。問題是停職的期間。身體會出現不適症狀，主因大多都是對環境有適應障礙。即使重回勞動條件有問題而無法適應的職場，也有很高的機率舊事重演。或是性格傾向與主管不合而無法適應，這種情況下，復發的風險也很高。因此，若能確定無法適應的原因，嘗試改善環境，復發的風險就會降低。雖然掌握性格傾向的特徵，改善「合不來」的要素，讓人際關係變好，復發風險就會降低，但一般情況下很少能夠建立這樣的對策。真實的情況通常是陷入「不適－停職－復職－復發」的循環，但這樣的循環是有方法阻止的，以下舉出一個實際的案例說明。

我曾為一家企業提供部門的心理諮商，那是一家大公司的關係企業，員工人數大約是一百人。業務內容橫跨IT開發、業務、宣傳等領域，成員裡頭有許多年輕員工，老闆的年紀大約介於五十五到六十歲，是個充滿活力且做事積極的人。他非常有行動力，也懂得關照部屬。公司員工都很敬仰他，但他一旦決定一件事，就會表現出頑固的一面。

主管要能察覺部屬的壓力值

這家企業非常忙碌，講究績效主義。廢除年功序列制已超過十年以上，考核一律取決於績效。即使是合約制的員工，只要營業額夠高，就算未滿三十五歲也能取得董事級的高薪。但也正因為這樣，每當無法提高績效的時候，就會產生強烈的徒勞感。此外，員工會擔心會不會有那麼一天，再也得不到自己尊敬的老闆的讚賞，或者對合約制感到焦慮。尤其是這家企業的IT部門，有心理不適狀況的人特別多。

一開始拜訪這家企業時，當中甚至還有躲起來不肯見人的員工。因此，我決定先調查造成不適的背景。結果發現，有人明明完全不適合IT，卻待在IT部門；有人比起業務更適合其他職務，卻被安排在業務部門；或是主管與部屬之間，就像前文的例子一樣完全合不來，導致兩人的狀況都變差了。

幸好這家企業的溝通管道相當暢通，所以我可以直接向老闆傳達這樣的狀況。人數大約一百人的公司，改善起來相對比較容易。經過人事異動和針對能夠改善溝通的管理階層舉辦講習會以後，心理不適的員工在數年之後大幅減少。

除此之外，老闆為了提高公司內部的工作動力，還特別在公司進行大規模的翻新，讓公司徹底改頭換面為近未來的風格。在每年數次的全公司聚會上，讓大家住在海景飯店的豪華套房，輕鬆地享用晚餐。從兩年前開始，該公司的營業額便躍居關係企業中的冠軍。心理部分的改善確實能夠提高生產力，而企業領導者是否具備危機管理意識正是其中的關鍵。

用錢買不到的工作氣氛

如今，企業正在刪減人事費用，增加約聘員工，減少正職員工的數量。員工覺得自己「被強迫」工作的感受愈來愈強烈，而且在害怕被解約或解僱的心態下工作，往往會陷入心理不適的狀態中。然後就會造成生產力降低、利潤減少，最後只好再刪減人事費用的惡性循環。

我希望提醒領導者注意的是，如果企圖便宜行事，例如員工身體不適就讓他休息或直接解約，是一種自取滅亡的行為。領導者必須做的是建立提高生產力的對策，創造出積極工作的氣氛，讓員工不再有「被迫工作的感覺」。

那麼，難道讓所有人都成為正職員工，或是人人都加薪就可以了嗎？答案也並非如此，這麼做不見得會順利達到目標。由於人們總是很快就會把當下的狀況視為理所當然，因此即使讓約聘員工轉為正式職員，還是會留下沒有解決的部分。如果不改變「金錢或特定條件可以解決一切」的想法，日本的企業是看不見未來的。

雖然我這三十年來一直站在醫療的第一線，但在第一線診療的過程中，我發現尤其是最近這兩年，商務人士之間瀰漫著一股完全不同於以往的閉塞感。

這不是光靠醫師診療就能改善的狀況，我認為很多事情必須由企業或政府發覺問題並加以改善才行，改善所須具備的條件並不是金錢，而是對工作者的體諒、團結意識以及提升動力的對策。

打造讓員工願意付出且安心工作的職場

具體而言，首先是營造出有團結意識、讓人心情愉悅的氣氛。例如前述的IT企業，每當有客人進門時，大家就會大聲打招呼；下班回家時，也會問候一句辛苦了。重新整修後的會議室全是玻璃隔間，所以誰跟誰在開會都可以一目了然，大家共享資訊。老闆的辦公室是玻璃隔間，並未特別分隔開來。如果想要保護資訊的話，老闆辦公室的玻璃會霧化，這時其他人就無法進去——我第一次看見這個辦公室時，忍不住笑了。員工廁所裡，放著泡沫式洗手乳和漱口用的紙杯與漱口水；覺得有疑慮的時候，可以在諮商部門預約與醫師見面深談，剛進公司的人也會進行性格傾向等測驗，預先透過壓力健檢了解自己的性格傾向。

這樣的對策通常都交由企業的健康管理部門負責，不過本來就應該像這家企業一樣，由領導者主動站出來進行改革，否則企業整體的氣氛是不會改變的。不能否認的是，這家企業因為人數比較少的關係，所以老闆不只可以親自聽取員工報告工作的成果，還可以謹慎監督工作的過程。這種「有人在管控流程」、「有老闆在監督過程」或「有人知道我付出多少努力」的安心感，不僅可以創造收益，還能消除員工的不安、贏取員工信任，提高員工的工作動力。

光是坐在辦公室的高級沙發上與一群高階主管開會，無助於提高生產力。重視與員工之間相處的氣氛才是第一步。

高層管理者漸漸消失的「對下體貼」

也許有人會反駁說，因為這家企業只有一百人左右，所以才能做到這種程度。但是我曾經聽過一件發生在大約三十年前的事，當時在某家大企業裡，一名剛進公司幾年的普通職員在等電梯時，聽到老闆對他說：「〇〇〇，你好嗎？」讓他覺得很感動，這名員工應該會因為大老闆的一句問候感到安心，並且對公司產生信任感。過去日本最高階管理者身上這種對員工的體念，近來已經消失無蹤了。

光靠「只要有錢就能買下一切」的想法，無法讓他人甘願付出。**如今需要的是領導者認同自己的員工、確切掌握員工在工作上付出多少心思的態度。**營收好的大企業或許只要提高薪水即可，但人們很快習慣調高的薪水以後，又會再度陷入同樣的狀況。

大企業如果能以一百人左右為一個單位，讓負責人擁有一定程度的決定權，那麼應該會比較容易進行心理部分的風險管理吧。按照目前的現狀，通常規模愈大的企業，愈容易出於「讓員工休息即可」或「解除合約即可」的心態，忽略壓力預防的重要性。雖然日本厚生勞動省在二〇一五年十二月規定企業有建立壓力測試制度的義務，但很多企業都反映「成本太高、太麻煩」或「想要外包給比較便宜的廠商進行」等意見。雖然我希望企業能藉由這個機會開始進行壓力預防，但很可惜的是，目前這方面似乎尚未建立健全的觀念。

長期在第一線觀察下來，假如我們不趁現在這個時候確實建立對策，改變「身體不適就停職或解僱」的狀況，日本很有可能流失掉所有人才。

結語 從困境中激發對抗壓力的力量

無論在工作或家庭，都有許多造成壓力的主因，其中被要求表現要堅強又要具備生活能力的男性，心中應該有很多說不出口的千頭萬緒。

就像女性被要求美麗與年輕，並且不斷抵抗失去這些的喪失感一樣，社會地位和提高收入等，也成為男性心中的枷鎖，造成相當沉重的負擔。要在嚴苛的社會環境中生存非常辛苦，即使平常可以勉強苦撐，但當人真正感到孤獨的時候，心裡就會覺得「為什麼只有我這樣？」並且對於其他看起來過得游刃有餘的人感到羨慕與不甘心。

我自己在年輕的時候也是，每當看到有人從父母那裡得到我再怎麼努力也得不到的東西，或是從旁人身上獲得許多好處，就會感到很羨慕。從起跑點開始就存在差異這件事，令我感到很不甘心。

不過，從事心理諮商這份工作超過三十年以上，現在的我已經不再有羨慕他人的情緒了，因為我發現，沒有任何一個人是生來就被賦予一切。

條件好的人會把一切視為理所當然，所以不懂得加以活用，但被認為在這麼艱困的條件下該如何生存的人，通常都擁有在艱困環境中生存的能量與力氣。

當我注意到這件從旁觀者眼中很難看清的事實後，羨慕的情緒就愈來愈少了。**羨慕或嫉妒他人的條件有多好，確實會損耗自己內心的能量**。我希望你能將那股能量用來激發出你自己所擁有的力量，我希望大家都能培養預防壓力的「復原力」。

當我們愈是處於窮途末路的困境之中，往往愈會激發出對抗壓力的力量。愈是瞬息萬變的時代，復原力應該也會愈強才對。但願日本的社會擁有的不只是堅強而已，還能夠擁有即使受傷也能恢復的力量。

我在執筆本書之際獲得多方協助，本書中描寫的所有人物，考量到個人資訊安全與隱私，一律經過我重新編寫。此外，關於其中幾篇特別的個人事蹟，我已向當事人說明本書的意旨並獲得執筆以及刊載的許可。

但願本書內容能讓您感覺到，我所描述的都是現代社會所會面臨的問題，或者是你也面臨的問題。如果本書能成為你意識到壓力或預防壓力的契機，那將是我的榮幸。

感謝所有協助本書執筆的人。另外，也真心感謝以本名出現在本書中的友人吉本信行先生與大垣信良先生。最後，衷心感謝在製作本書時經常給我力量的編輯部大坂溫子女士。

海原純子

Ciel -21

男人心裡苦，男人不想說
15則最深沉的男人心事，解讀他們背負各種期待下的脆弱內在

男はなぜこんなに苦しいのか

作者　海原純子
譯者　劉格安
發行人　王春申
編輯指導　林明昌
副總經理兼任副總編輯　高　珊
責任編輯　賴秉薇
封面設計　李涵硯
內頁編排　菩薩蠻
印務　陳基榮
出版發行　臺灣商務印書館股份有限公司
地址　23150新北市新店區復興路43號8樓
電話　(02)8667-3712　傳真：(02)8667-3709
讀者服務專線　0800056196
郵撥　0000165-1
E-mail　ecptw@cptw.com.tw
網路書店網址　www.cptw.com.tw
網路書店臉書　facebook.com.tw/ecptwdoing
臉書　facebook.com.tw/ecptw
部落格　blog. yam. com/ecptw

OTOKO HA NAZE KONNANI KURUSHIINOKA

局版北市業字第 993 號
初版一刷：2017 年 10 月
定價：新台幣 350 元
ISBN 978-957-05-3103-9

男人心裡苦，男人不想說：15則最深沉的男人心事，解讀他們背負各種期待下的脆弱內在／海原純子著；劉格安譯.--初版一新北市：臺灣商務，2017.10
面；14.8x21公分
ISBN 978-957-05-3103-9
1. 心理衛生　2. 壓力　3. 男性

172.9　　106015344

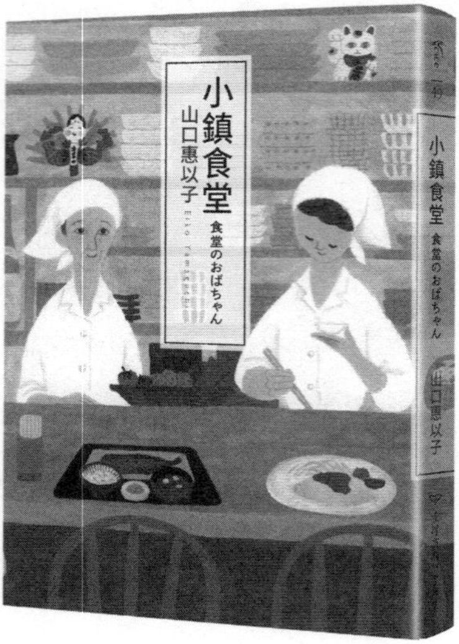

小鎮食堂

松本清張賞作家山口惠以子，獲得感動評價的療癒小說。人和料理間的牽絆，讓小鎮食堂的每一餐都是人生百態，帶來療癒又放鬆的幸福感。

作者｜山口惠以子
定價｜新台幣 300 元

博物館裡的文字學家

不會說英語，就帶著妻兒到加拿大博物館從事甲骨文研究，以文字學專業，完成世人所不知的甲骨文拼圖，甚至站在大學殿堂，開始以英語授課。
身為國際級的文字學家，卻超凡於學術圈外，用他的智慧，活出理想人生。

作者｜許進雄
定價｜新台幣 320 元

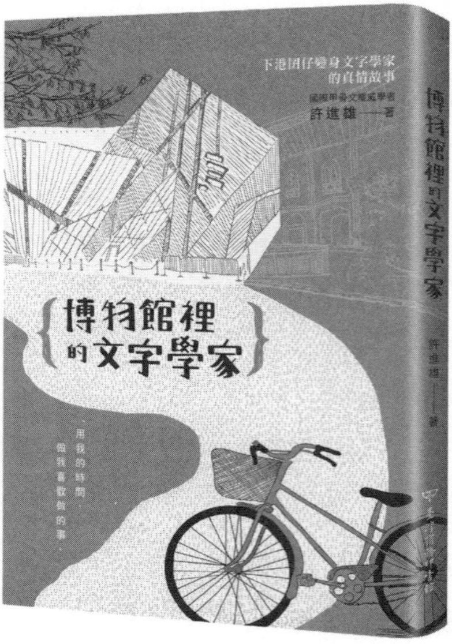

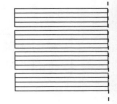

23150
新北市新店區復興路43號8樓
臺灣商務印書館股份有限公司 收

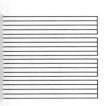

請對摺寄回，謝謝！

讀者回函卡

感謝您對本館的支持，為加強對您的服務，請填妥此卡，免付郵資寄回，可隨時收到本館最新出版訊息，及享受各種優惠。

姓名：＿＿＿＿＿＿＿＿＿＿＿＿＿＿ 性別：□ 男 □ 女

出生日期：＿＿＿＿年＿＿＿＿月＿＿＿＿日

職業：□學生 □公務(含軍警) □家管 □服務 □金融 □製造
□資訊 □大眾傳播 □自由業 □農漁牧 □退休 □其他

學歷：□高中以下（含高中）□大專 □研究所（含以上）

地址：＿＿＿＿＿＿＿＿＿＿＿＿＿＿＿＿＿＿＿＿＿＿＿＿＿＿＿＿

電話：(H) ＿＿＿＿＿＿＿＿＿＿＿＿ (O) ＿＿＿＿＿＿＿＿＿＿

E-mail：＿＿＿＿＿＿＿＿＿＿＿＿＿＿＿＿＿＿＿＿＿

購買書名：＿＿＿＿＿＿＿＿＿＿＿＿＿＿＿＿＿＿＿＿＿

您從何處得知本書？

□網路 □DM廣告 □報紙廣告 □報紙專欄 □傳單
□書店 □親友介紹 □電視廣播 □雜誌廣告 □其他

您喜歡閱讀哪一類別的書籍？

□哲學・宗教 □藝術・心靈 □人文・科普 □商業・投資
□社會・文化 □親子・學習 □生活・休閒 □醫學・養生
□文學・小說 □歷史・傳記

您對本書的意見？（A/滿意 B/尚可 C/須改進）

內容＿＿＿＿＿編輯＿＿＿＿＿校對＿＿＿＿＿翻譯＿＿＿＿＿
封面設計＿＿＿＿＿價格＿＿＿＿＿其他＿＿＿＿＿

您的建議：＿＿＿＿＿＿＿＿＿＿＿＿＿＿＿＿＿＿＿＿＿

※ 歡迎您隨時至本館網路書店發表書評及留下任何意見

臺灣商務印書館 The Commercial Press, Ltd.

23150新北市新店區復興路43號8樓 電話：(02)8667-3712
讀者服務專線：0800-056196 傳真：(02)8667-3709
郵撥：0000165-1號 E-mail：ecptw@cptw.com.tw
網路書店網址：www.cptw.com.tw 網路書店臉書：facebook.com.tw/ecptwdoing
臉書：facebook.com.tw/ecptw 部落格：blog.yam.com/ecptw